Inhalt

Die Freiheit nehm ich mir

Eigentlich könnten wir rundum glücklich sein. Von außen betrachtet, haben wir womöglich alles, was man sich nur wünschen kann: einen Job, eine Familie, einen großen Freundeskreis, einen guten Lebensstandard, die Möglichkeit, schöne Reisen zu machen …

Wunsch und Wirklichkeit

Und dennoch: In unserem Inneren sieht es eventuell anders aus. Vielleicht treibt uns eine nagende Unzufriedenheit um und lässt uns nicht zur Ruhe kommen. Oder das Leben scheint zu stagnieren, nichts geht vor und nichts geht zurück. Dabei sehnen wir uns nach Veränderung. Hin und wieder wird unser Leben von Rückschlägen und Enttäuschungen erschüttert. Oder wir stecken unvermittelt in einer Krise und müssen uns – beruflich oder privat – erst wieder fangen. Vielleicht haben wir das Gefühl, mehr fremdbestimmt als selbstbestimmt zu sein. Oder es beschleicht uns sogar eine Leere – so, als würden wir uns immer mehr von uns selbst entfernen. Oder als fehle unserem Leben der tiefere Sinn.

Höchste Zeit, um Bilanz zu ziehen. Wann haben Sie sich zum letzten Mal gefragt: Was macht mich wirklich glücklich? Wofür schlägt mein Herz? Was ist mir im Leben wichtig? Wovon träume ich? Ist es eine neue berufliche Aufgabe, eine erfüllende Partnerschaft, mehr Geld oder einfach mehr Gelassenheit, Leichtigkeit und Lebensfreude? Oder sind Sie auf der Suche nach Ihrer wahren Berufung oder Ihrem Platz im Leben?

Zwar wünschen wir uns ein »besseres« Leben, doch etwas scheint uns bei der Umsetzung im Weg zu stehen! Es gelingt uns nicht, unser volles Potenzial zu leben, und so bleiben wir hinter unseren Möglichkeiten zurück. Wir fragen uns, ob das Leben nicht noch mehr zu bieten hat, haben aber keine Ahnung, an welchen Stellschrauben wir drehen müssen. An manchen Punkten stoßen wir vielleicht auch – trotz aller Bemühungen – immer wieder an Grenzen und kommen nicht voran. Oder wir wissen gar nicht genau, was wir eigentlich brauchen, um glücklich zu sein.

Letztlich bewegen wir uns auf bekannten Pfaden und können nicht so leicht aus unserer Haut. Kurz gesagt: Manchmal fühlen wir uns wie festgefahren und eingesperrt in einen Käfig.

Nur: Was hält uns davon ab, unser Leben zu verändern? Was ist es, das unser persönliches Glück sabotiert? Diese Blockaden stecken in unserem Kopf: tief sitzende – meist negative – Denkmuster. Die gute Nachricht: Diese inneren Hürden, die uns bisher daran gehindert haben, unseren eigenen Weg zu gehen, lassen sich überwinden.

Der erste wichtige Schritt dazu ist, diese Glaubenssätze und Überzeugungen in uns aufzuspüren (Kapitel 1). Sie lassen uns uns selbst und alles um uns herum wie durch eine getrübte »Brille« sehen. So bestätigen wir uns immer wieder aufs Neue, was wir sowieso erwarten. Kein Wunder also, dass sich viele Erfahrungen in unserem Leben wiederholen. Wir sind in diesem negativen Bild von uns und der Welt gefangen. Der zweite Schritt ist es deshalb, diese Muster, mit denen wir uns selbst sabotieren, aufzudecken (Kapitel 2).

Schaffen wir erst den nötigen Abstand zu unserem trügerischen Selbstbild, gewinnen wir schon ein großes Stück Freiheit. Denn wir glauben ja tatsächlich, dass das, was wir über uns denken und was wir fühlen, wahr ist. Mithilfe des inneren Beobachters können wir lernen, uns von der Identifikation mit unseren Gedanken und Gefühlen zu lösen – und unser falsches Selbstbild immer mehr von unserem wahren Selbst zu unterscheiden (Kapitel 3).

Die Schlüsselrolle dabei, uns ein für alle Mal von unseren bremsenden Denkmustern zu befreien, spielt eine kindliche Angst, die immer noch in uns wirkt (Kapitel 4). Nämlich die, unsere Eltern womöglich zu verlieren. Aus dieser existenziellen Angst heraus tun Kinder alles dafür, um die Beziehung zu ihren Eltern aufrechtzuerhalten, und entwickeln passende Überlebensstrategien. Diese Strategien wirken im Erwachsenenalter unbewusst fort: So erfüllen wir zum Beispiel weiterhin die an uns gestellten Erwartungen, opfern uns gar für andere auf, ziehen uns innerlich zurück oder rebellieren heimlich, statt konstruktiv an einer Lösung zu arbeiten. Diese immer noch vorhandene kindliche Angst ist der Motor für unsere negativen Denk- und Verhaltensmuster. Sobald wir uns unserer Angst stellen, ist unseren Denkmustern der Boden entzogen, und sie fallen in sich zusammen. Dann öffnet sich die Tür zu unserem Käfig wie von selbst. Und wir sind endlich frei im Kopf.

1

Denkblockaden auf die Spur kommen

Die Bremse im Kopf

Vielleicht haben Sie das auch schon erlebt … Es gibt Situationen im Leben, die begegnen einem so oder so ähnlich immer wieder. Obwohl man sich schon lange nach einem Karrieresprung sehnt, will er sich einfach nicht einstellen. Die Partnerschaft befindet sich wieder einmal in einer Sackgasse. Oder die finanziellen Mittel sind ständig knapp bemessen.

Auch wenn wir nur so vor Ideen sprühen – leider gelingt es nicht, unsere Pläne voranzutreiben und tatsächlich umzusetzen. Irgendetwas hindert uns daran und bremst uns aus … Oft ertappen wir uns auch dabei, Dinge zu tun, die wir aus eigener innerer Überzeugung eigentlich gar nicht tun wollen.

Noch dazu haben negative Glaubenssätze und Überzeugungen leider die schlechte Angewohnheit, sich endlos im Kreis zu drehen. Einmal angestoßen, sei es durch eine Bemerkung oder ein Ereignis, fahren sie mit uns Karussell. Sie können unser ganzes Denken – unbewusst – beherrschen und uns regelrecht besetzen.

Viele Gedankenschleifen drehen wir auch aus purer Gewohnheit, oder die Denkmuster steigen einfach aus den Tiefen unseres Unterbewusstseins auf – unabhängig von äußeren Faktoren, denn tatsächlich kreist unser Verstand häufig um mögliche Probleme und Schwierigkeiten. Fragen Sie sich einmal selbst: Welchem Satz schenken Sie eher Glauben? »Es steht mir zu, glücklich zu sein« oder »Glück muss man sich erst verdienen«?

Alles, was uns bewusst ist, kann uns nicht mehr unbewusst steuern. Und kann uns nicht mehr daran hindern, ein freies, selbstbestimmtes Leben zu führen und unser Potenzial voll auszuschöpfen. Deshalb ist der erste Schritt, sich aus der Umklammerung unserer »Bremsgedanken« zu lösen, ihnen auf die Schliche zu kommen und herauszufinden, welche Denkmuster in unserem Unterbewusstsein wirken. Darum geht es auf den folgenden Seiten.

Wie Denkblockaden entstehen

Vorher stellt sich noch die Frage: Wie sind diese hinderlichen Denkmuster überhaupt entstanden? Oder werden sie uns schon in die Wiege gelegt? Die Antwort ist: Wir eignen sie uns während unserer Kindheit an und erlernen sie ganz individuell.

Von Vorbildern lernen

Die einfachste Art zu lernen ist durch Nachahmen. Überzeugungen, Einstellungen und Verhaltensweisen, die uns unsere Vorbilder und engen Bezugspersonen – vor allem in unserer frühen Kindheit – vorleben, übernehmen wir. Wir schauen sie uns bei unseren Eltern, Lehrern, Geschwistern und anderen für uns wichtigen Menschen ab und imitieren sie, ohne sie weiter zu hinterfragen. Denn als Kinder zweifeln wir nicht an, was etwa unsere Eltern sagen oder tun. Das erklärt, warum uns viele unserer Denkgewohnheiten nicht bewusst sind.

Haben unsere Eltern beispielsweise eine negative Einstellung zu Geld, haben wir vermutlich ähnliche Vorbehalte. Wurde uns vermittelt, dass einem im Leben nichts geschenkt wird, glauben wir womöglich selbst daran. Unsere Eltern oder andere Bezugspersonen prägen auch unser Rollenverständnis von Frauen und Männern und liefern uns eine Vorstellung von Partnerbeziehungen. Es sei denn, wir setzen alles daran, um bloß nicht so zu werden wie sie. Allerdings ist das nur die Kehrseite der gleichen Medaille.

Die Schule des Lebens

Der zweite Weg, auf dem wir als Kinder lernen, sind unsere eigenen Erfahrungen. Angenommen, ein Kind erkundet mutig die Welt und schürft sich dabei das Knie auf. Trösten die Eltern ihr Kind, wird das wunde Knie schnell vergessen sein.

Reagieren die Eltern dagegen mit Ärger, wird das Kind vielleicht daraus folgern: »Mama und Papa sind böse auf mich, weil ich mutig war. Mutig zu sein, ist nicht gut.« Als Kinder setzen wir sogar noch eins drauf: Wir beziehen das Verhalten unserer Bezugspersonen eins zu eins auf uns und nicht bloß auf unser Verhalten. Wir meinen, daran schuld zu sein, und schließen also daraus: »Ich bin böse« oder »Ich bin nicht okay«.

Vielleicht konnten wir es unseren Eltern als Kind auch oft nicht recht machen und haben den Eindruck gewonnen, dass wir wertlos sind. Oder wir haben die Zuwendung unserer Bezugspersonen vor allem für gute schulische Noten bekommen und daraus gelernt, nur dann liebenswert zu sein, wenn wir etwas leisten. Entsprechend haben wir uns angestrengt.

Weltbild und Selbstbild

Zu vielen unserer Überzeugungen sind wir also aus der »Notwendigkeit« heraus gelangt, uns an die gegebenen Verhältnisse anzupassen. Erleben wir solche Situationen immer wieder oder besonders intensiv, setzen sich diese Erfahrungen fest, und unsere Schlussfolgerungen verhärten allmählich zu fixen Denk- und Verhaltensmustern. Im Laufe der Zeit legen wir uns aus all diesen Lernprozessen und zum Teil schmerzlichen Erfahrungen ein – wenn auch trügerisches – Bild von der Welt da draußen und von uns selbst zurecht.

ÜBUNG

Um herauszufinden, welche Erfahrungen Sie geprägt haben, können Sie sich in Ihre frühe Kindheit zurückversetzen. Fällt Ihnen ein Ereignis ein, das Ihnen noch lebhaft in Erinnerung ist? Führen Sie es sich noch einmal vor Augen. Wie haben Sie die Situation erlebt? Überlegen Sie, welche Schlüsse Sie aus diesem Erlebnis gezogen haben. Welche Bedeutung haben diese heute noch für Ihr Leben?

Mein Bild von mir

Unser Selbstbild ist also das Ergebnis unserer Erfahrungen. Und der Überzeugungen, die wir daraus gewonnen haben. Diese irrigen Konzepte, die unser wahres Selbst überlagern, bezeichnet man auch als Ego. Dieser innere Saboteur definiert sich über unsere Vergangenheit und klammert sich mit aller Kraft an unsere Glaubenssätze und Denkmuster – bevorzugt an solche, die uns einschränken, abwerten und blockieren. So sorgt er dafür, dass wir unsere eingefahrenen Bahnen nicht so leicht verlassen. Seinen Selbstwert bezieht unser Ego in erster Linie aus Besitz, Erfolg, Macht oder Ansehen und sucht im Außen nach Bestätigung, Anerkennung und Liebe. Es macht sein ganzes Glück davon abhängig, was es im Leben erreicht und ob ihm andere Menschen gewogen sind.

Positiv oder negativ?

Die Art, wie wir uns selbst einschätzen – und auch schätzen –, hat einen entscheidenden Einfluss auf unser ganzes Leben. Sagt uns unser Ego etwa, dass wir sehr begabt sind und Erfolg verdient haben, werden wir uns voller Selbstvertrauen an Neues heranwagen und schwierige Aufgaben leicht meistern. Neigen wir dagegen eher dazu, uns kleinzumachen, werden wir neue Herausforderungen meiden. Lieber lassen wir alles beim Alten. Ob positives oder negatives Selbstbild: Auch wenn uns unsere Überzeugungen nicht bewusst sind, bleiben sie nicht ohne Wirkung. Unser Selbstbild bestimmt unser Handeln und unser Lebensgefühl.

Im Spiegel unserer Beziehungen

Unsere Partner, Familien und Freunde, Arbeitskollegen und Bekannten können uns dabei unterstützen, unser Selbstbild klarer zu sehen. Auch ohne dass wir es wollen, halten sie uns oft genug einen

Spiegel vor, in dem wir uns selbst erkennen können. Immer wieder lockt uns ihr Verhalten aus der Reserve. Ob sie uns reizen, traurig stimmen, beängstigen oder verletzen – irgendetwas stößt in uns auf Widerhall. Was es auch ist, sagt etwas über uns selbst aus. Denn alles, womit wir in Resonanz gehen, worauf wir also zustimmend oder ablehnend reagieren, hat etwas mit uns zu tun. Letztlich spiegeln uns andere Menschen unsere eigenen tiefen Überzeugungen über uns selbst, wie wir also glauben zu sein.

Bewundern wir Eigenschaften an anderen, sind das vermutlich Qualitäten, die wir an uns selbst mögen. Möglicherweise auch solche, die durchaus noch Entwicklungspotenzial haben. Seiten, die uns an anderen stören und sie uns unsympathisch machen, berühren vielleicht einen wunden Punkt in uns. Eine alte Verletzung, auf die wir empfindlich reagieren. Oder sie zeigen uns Anteile von uns selbst, die wir insgeheim ablehnen oder uns nicht erlauben, etwa im Mittelpunkt der Aufmerksamkeit zu stehen. Wir verbinden mit diesen Eigenschaften unangenehme Erfahrungen, deshalb sind sie für uns negativ besetzt. Gerade für unsere ungeliebten Seiten sind wir oft regelrecht »blind« und versuchen, sie vor uns selbst und vor anderen zu verbergen. Allerdings sollten wir uns vor Augen halten, dass unser Selbstbild nur etwas darüber aussagt, wie wir uns selbst sehen – es ist deshalb noch lange nicht wahr.

Dazu zwei Fallbeispiele:

Laura ist Mutter von zwei Kindern im Alter von sieben und neun Jahren. Sophie, die Kleine, ist schon seit einer Woche krank. Langsam geht Laura auf dem Zahnfleisch und fühlt sich völlig überfordert. Und obwohl ihr Mann und ihre Freunde ihr bestätigen, dass sie sich liebevoll kümmert, hat sie – auch sonst – ständig das Gefühl, als Mutter »nicht gut genug« zu sein. Erst recht, wenn ihr ihre Nachbarin Nicole, die »Supermutter«, mal wieder stolz davon berichtet, wie erfolgreich sie im Beruf ist und was für eine tolle Motto-Party sie für den Kindergeburtstag ihres Sohnes plant.

Charlotte bekommt von ihrem Chef immer mal wieder zusätzliche Aufgaben, während sich ihr Kollege mit Erfolg vor der Mehrarbeit drückt. Charlotte empfindet dieses Verhalten als sehr unkollegial. Sie selbst gesteht sich so viel Freiheit nicht zu und verlangt sich stets Höchstleistungen ab, denn sie glaubt: »Ich bin es nicht wert, geliebt zu werden.« Unbewusst ist sie davon überzeugt, sich Liebe hart erarbeiten zu müssen. Deshalb ist ihr die entspannte Arbeitshaltung ihres Kollegen ein Dorn im Auge.

Lernen Sie Ihr Selbstbild besser kennen

Die folgenden Fragen helfen Ihnen, Ihr Selbstbild zu erforschen und den Glaubenssätzen und Überzeugungen über sich auf die Spur zu kommen. Beantworten Sie die Fragen ganz spontan und ohne langes Nachdenken. Seien Sie dabei ehrlich zu sich selbst. Bitte formulieren Sie Ihre Antworten in ganzen Sätzen, und beginnen Sie jede davon mit »ich« oder »mir«. Verwenden Sie möglichst keine Verneinungen wie »nicht« oder »kein«. Schreiben Sie alles am besten in ein Notizheft und ergänzen Sie die Vorschläge gerne.

Wie finden Sie Ihr Äußeres? Was gefällt Ihnen daran, was weniger?

Ich fühle mich wohl/unwohl in meinem Körper.
Ich finde mich zu dick/zu dünn.
Ich habe schöne/-s ....
Ich mag/mag nicht ....

Welchen Eigenschaften haben Sie? Was sind Ihre Stärken und Schwächen?

Ich bin introvertiert/extrovertiert.
Ich bin eher risikobereit/vorsichtig.
Ich bin großzügig/sparsam.
Ich bin chaotisch/strukturiert.

Über welche Begabungen und Fähigkeiten verfügen Sie?

Ich kann gut organisieren.
Ich habe viel Humor.
Ich male/singe/schreibe .... sehr gerne.
Ich kann andere begeistern.

Welche Überzeugungen über sich selbst haben Sie?

Ich bin nicht gut genug.
Ich bin nicht liebenswert.
Ich schaffe das allein.
Ich bin an allem schuld.
Ich bin erfolgreich bei allem, was ich tue.
Ich habe einfach kein Glück.
Ich bin nicht richtig so, wie ich bin.
Ich habe volles Vertrauen in mich.
Ich erreiche, was ich will.
Ich komme immer zu kurz.

Welche Eigenschaften bewundern Sie an anderen, z. B. Zielstrebigkeit?

Welche Eigenschaften stören Sie dagegen an anderen? Was lösen diese Eigenschaften in Ihnen aus, und welche Glaubenssätze stecken dahinter?

Um sich einen Überblick zu verschaffen, markieren Sie zum Schluss die fünf wichtigsten positiven und negativen Aussagen über sich selbst mit einem farbigen Stift.

Wie wir reden, spricht Bände

Wir haben alle schon erlebt, wie machtvoll Worte sein können. Worte können trösten, Mut machen, motivieren – aber auch verletzen und runterziehen. Worte haben ohne Frage eine Wirkung auf uns und auf andere. Je nachdem, was wir sagen – und vor allem wie wir es sagen –, übermitteln wir eine vollkommen andere Botschaft.

Dabei sind Worte nichts anderes als laut ausgesprochene Gedanken. Sie machen also transparent, welche Glaubenssätze und Überzeugungen uns im Kopf herumgeistern. Umgekehrt erhalten wir unsere Denkmuster durch die Wahl unserer Worte aufrecht. Es lohnt sich also, vertraute Redewendungen zu hinterfragen und sich die eigenen Sprechgewohnheiten bewusst zu machen.

- Oft neigen wir dazu, die Dinge eher negativ als positiv zu formulieren. Zum Beispiel: »Ich werde schon nicht krank« anstatt »Ich bin fit und gesund«. Oder: »Das finde ich gar nicht schlecht« anstatt »Das gefällt mir sehr gut«. Das Dumme daran: Unser Unterbewusstsein überhört das »nicht« und merkt sich nur

»krank« und »schlecht«. Und diese negativen Informationen wirken dann unbewusst auf uns.

- Die Art, wie wir über uns selbst sprechen, wirft ein Licht auf unser Selbstbewusstsein. Ist uns ein Fehler unterlaufen, können wir uns selbst dafür abwerten und kleinmachen. Wir können aber auch einfach feststellen: »Ich habe einen Fehler gemacht.« Punkt.
- Verwenden wir häufig vermeintlich unbedeutende Füllwörter wie »vielleicht«, »eigentlich« oder »bloß«, schwächen wir unsere Aussagen damit ab. »Mir wird das schon gelingen« lässt Zweifel durchblicken. Wenn wir wirklich an uns glauben, wissen wir: »Ich schaffe das.«
- Auch negative Begriffe sagen viel über unsere Denkgewohnheiten aus und sind ein Indiz für unsere Blockaden. Stehen Sie zum Beispiel eher vor einem »Problem« oder vor einer »Herausforderung«?
- Mit dem Konjunktiv II, dem sogenannten Irrealis, bringen wir ebenfalls unbewusste Hindernisse zum Ausdruck. »Ich hätte gerne mehr Geld« drückt einen Wunsch aus, den wir selbst nicht wirklich für realistisch halten. »Ich werde mehr Geld haben« klingt dagegen eindeutig zuversichtlich.

ÜBUNG

Eine Geschichte über mich

In vielen Kulturen hat die Kunst des Geschichtenerzählens zur Überlieferung von Lehren eine lange Tradition. Warum nicht einmal eine Geschichte über uns selbst erzählen? Dabei können wir viel über uns lernen.

- Suchen Sie sich einen Ort, an dem Sie ungestört sind. Legen Sie sich ein Tagebuch oder Papier und einen Stift zurecht. Wählen Sie ein Thema, das Sie gerne erzählen möchten. Das kann zum Beispiel eine aktuelle Begebenheit sein, die Ihnen noch sehr präsent ist, ein Problem, das Sie im Moment beschäftigt, oder eine Begegnung, die Sie emotional berührt hat. Vielleicht auch ein Erlebnis, das schon länger zurückliegt. Nehmen Sie sich etwa 30 Minuten Zeit.
- Bevor Sie loslegen, atmen Sie einige Male tief ein und aus. Versetzen Sie sich noch einmal in die Situation hinein, und lassen Sie sie wieder lebendig werden. Dann lassen Sie Ihren Worten einfach freien Lauf. Erzählen Sie Ihre Geschichte, und schreiben Sie sie auf. Schmücken Sie die Geschichte mit allen Details aus, an die Sie sich erinnern. Erwähnen Sie die schwierigen, traurigen oder schmerzlichen Augenblicke ebenso wie die schönen, glücklichen oder lustigen Momente.

- Anschließend lesen Sie sich das Geschriebene laut vor, oder erzählen Sie sich Ihre Geschichte noch einmal selbst. Lassen Sie die Worte auf sich wirken. Beobachten Sie dabei auch Ihre Stimme, Ihre Körperhaltung und eventuell Ihre Gestik. Wie klingt die Geschichte in Ihren Ohren? Was sagen die Formulierungen über Sie aus? Wie fühlen Sie sich? Welche Haltung Ihnen selbst und dem Leben gegenüber spricht daraus?

Durch das Geschichtenerzählen gewinnen Sie ganz neue Einsichten über sich und Ihr Leben. Ihre Glaubenssätze, Ihre Gefühle und Ihr Verhalten werden Ihnen dadurch bewusster. Wenn Sie möchten, können Sie Ihre Geschichte mit Blick auf das, was Sie daraus gelernt haben, noch einmal neu erzählen. Ihre Erkenntnisse lassen Ihre Geschichte vielleicht in einem völlig anderen Licht erscheinen. Oder Ihre Geschichte nimmt eine andere Wendung.

Ich muss, ich sollte …

Tag für Tag stürmen unzählige Erwartungen auf uns ein. Im Job hetzen wir von einem Termin zum nächsten. Die Familie hält uns von morgens bis abends auf Trab. Oft sind wir auch nach Feierabend noch gefordert. Und nicht zuletzt haben wir auch hohe Erwartungen an uns selbst, mit denen wir uns unter Druck setzen.

Manchmal ist es, als würden alle Menschen gleichzeitig an uns ziehen und zerren. Dieser Druck, unter dem wir stehen, äußert sich in Sätzen, die allesamt mit »Ich muss/sollte/darf nicht …« anfangen, zum Beispiel: »Ich muss immer für andere da sein« oder »Ich darf keine Fehler machen«. Es sind also Glaubenssätze und Überzeugungen, die hinter unseren Erwartungen stecken. Auch wenn sie uns nicht immer bewusst sind, prägen diese Erwartungen unser Leben, beeinflussen unsere Entscheidungen und schreiben uns vor, was wir zu tun oder zu lassen haben.

Verinnerlichte Erwartungen

Im Laufe unseres Lebens festigen sich unsere Glaubenssätze und Überzeugungen zunehmend und werden zu unseren grundlegenden Haltungen. Wurden wir von unseren Eltern als Kinder zum Beispiel gelobt, wenn wir pünktlich waren, ist uns Pünktlichkeit heute noch wichtig. Wir bemühen uns selbst darum und schätzen diese Eigenschaft auch an anderen. Inzwischen haben wir diese Ansprüche aus Kindertagen so verinnerlicht, dass wir von uns selbst erwarten, ihnen gerecht zu werden.

Und genau mit dieser Erwartungshaltung begegnen wir auch anderen. Erfüllen sie unsere Forderungen nicht, sind wir schnell enttäuscht, verärgert oder frustriert.

Die beste Orientierung

Umgekehrt kann es sehr belastend und schmerzhaft für uns sein, wenn wir den an uns gestellten Ansprüchen – aus welchen Gründen auch immer – nicht genügen können. Wir geraten dann in einen inneren Konflikt und befürchten, es uns mit den anderen womöglich zu verscherzen und ihre Liebe und Anerkennung aufs Spiel zu setzen. Lieber stellen wir unsere eigenen Bedürfnisse ganz hinten an.

Allerdings: Geben wir ständig dem Vorrang, was wir müssen, sollten oder nicht dürfen, hält uns das davon ab, das zu tun, was wir tun möchten. Oder die zu sein, die wir sind. Wir laufen Gefahr, uns in den vielfältigen Erwartungen an uns zu verlieren. Das beste Mittel dagegen ist es, sich mehr an sich selbst zu orientieren. Und nicht an anderen, wie wir das sonst gerne tun. Viel wichtiger ist es doch, sich zu fragen: »Was tut mir gut?«, »Wie möchte ich leben?« oder »Was ist für mich die beste Entscheidung?«.

Dazu zwei Fallbeispiele:

Moritz hat als Führungskraft bei einer Versicherung einen stressigen Job. Trotzdem hilft er einem Freund beim Umzug, anstatt sich eine Pause zu gönnen. Er möchte ihn keinesfalls im Stich lassen, denn unbewusst denkt er: »Ich muss es anderen immer recht machen, um gemocht zu werden.« Wie es seine Art ist, packt Moritz beim Umzug kräftig mit an. Die anderen Helfer scheinen es dagegen eher locker zu nehmen, was Moritz ziemlich ärgert. Er bereut es, sich den Samstag so um die Ohren geschlagen zu haben. Allerdings war es seine freie Entscheidung.

Kerstin studiert seit einigen Jahren Jura. Glücklich ist sie damit allerdings nicht. Das Studium liegt ihr einfach nicht, und sie tut sich schwer damit. Aber jetzt noch einmal umsatteln – nachdem sie schon so viel Zeit und Mühe investiert hat? Vernünftiger findet sie es, das Studium durchzuziehen. Schließlich ist ihr Vater auch Rechtsanwalt, und sie könnte später in seine Kanzlei einsteigen. Trotz ihrer Zweifel ringt sich Kerstin tatsächlich zu dieser Entscheidung durch und folgt damit unbewusst ihrem Glaubenssatz »Es darf mir nicht gut gehen«.

So nehmen Sie Erwartungen den Druck

Rund um die Uhr sind wir mit verschiedensten Erwartungen konfrontiert. Und wir sind nur allzu bereit, sie zu erfüllen. Denn im Hintergrund wirken Glaubenssätze, die uns dazu antreiben. Wie können wir ihnen den Wind aus den Segeln nehmen, um wieder mit uns selbst in Einklang zu kommen? Zuerst: Gehen wir unseren Glaubenssätzen auf den Grund.

REFLEXION

Welche Erwartungen stellen Sie an sich?

Lesen Sie sich die folgenden Sätze in Ruhe durch, und prüfen Sie, welche dieser Erwartungen Sie auch an sich selbst stellen. Ergänzen Sie die Liste gerne um weitere Glaubenssätze, die auf Sie zutreffen.

Ich muss es anderen immer recht machen.
Ich muss immer perfekt sein.
Ich sollte bescheiden sein.

Ich muss immer für andere da sein.
Es darf mir nicht gut gehen.
Ich muss mich immer anpassen.
Ich darf mir nichts gönnen.
Ich muss mich noch mehr anstrengen.
Ich muss immer lieb und nett sein.
Das muss ich mir erst verdienen.
Ich darf keine Schwäche zeigen.
Ich muss vernünftig sein.

- Suchen Sie sich jetzt einen Ihrer Glaubenssätze aus, und sprechen Sie ihn mehrmals laut und deutlich aus. Richten Sie Ihre Aufmerksamkeit dabei auf Ihren Körper: Wie reagiert er auf diesen Satz? Fühlt er sich leicht oder schwer, wach oder müde, entspannt oder angespannt an? Wird Ihr Körper zum Beispiel plötzlich schwer oder angespannt, können Sie davon ausgehen, dass Ihr Glaubenssatz Ihnen und Ihrer eigenen Wahrheit nicht entspricht.
- Lauschen Sie weiter aufmerksam in sich hinein. Welche Gefühle tauchen in Ihnen auf? Wie denken Sie über Ihren Glaubenssatz? Vielleicht regt sich in Ihnen ein Widerstand gegen diesen Satz. Möglicherweise können Sie dem Satz auch einen Funken Wahrheit abgewinnen. Oder Sie können ihm mit Einschränkungen zustimmen. Nehmen Sie einfach bewusst wahr, was in Ihnen vorgeht.

Alltags-Tipps für den Umgang mit Erwartungen

Wie wär's mit einer kleinen Pause vom ständigen Erwartungsdruck? Und überhaupt: Wo bleiben eigentlich Ihre eigenen Bedürfnisse? Hier ein paar Tipps, wie Sie besser auf sich und Ihre Grenzen achten können.

Hören Sie auf Ihre innere Stimme. Ihre innere Stimme – oder auch Ihr Bauchgefühl oder Ihre Intuition – weiß am besten, was wirklich gut für Sie ist. Um das herauszufinden, können Sie ihr einfach eine Frage stellen. Nehmen Sie sich dafür ein bisschen Zeit. Lassen Sie Ihre Gedanken zur Ruhe kommen, und werden Sie innerlich still. Dann warten Sie ab, welche Antwort aus Ihrem Inneren aufsteigt.

Gesunder Egoismus tut gut. Erst sind die anderen an der Reihe und dann Sie selbst? Diese Haltung kann Sie auf Dauer sehr unzufrieden machen. Denken Sie zur Abwechslung ruhig einmal an sich. Nehmen Sie Ihre eigenen Bedürfnisse ernst, und trauen Sie sich, dafür einzustehen. Dazu ist es zuerst wichtig, dass Sie Ihre Bedürfnisse kennen. Dann äußern Sie sie klar und deutlich, ohne »wenn« und »vielleicht«. Meinen Sie es wirklich so, wie Sie es sagen. Und seien Sie dabei möglichst ehrlich und authentisch. Beobachten Sie gespannt, wie Ihr Umfeld darauf reagiert.

Sagen Sie öfter mal »Nein«. Erlauben Sie sich ab und zu, sich von den Erwartungen der anderen abzugrenzen und »Nein« zu sagen. Ganz ohne schlechtes Gewissen! Die Vorstellung, dass Sie sich dadurch unbeliebt machen, existiert nur in Ihrem Kopf. In Wahrheit werden Sie jedes Mal, wenn Sie den Mut dazu hatten, ein Stück Freiheit gewinnen. Entscheiden Sie im Einzelfall, wie viel Sie jetzt und heute bereit sind zu geben. Und dann kommunizieren Sie ganz offen, was Sie dazu bewogen hat. Und schließlich gilt Ihr Nein ja nicht für alle Zeiten.

Perfektionismus »ade«. Am besten verabschieden Sie sich auch gleich von Ihrem Perfektionismus. Auf keinen Fall sollten Sie Ihr Glück davon abhängig machen, ob Sie alles perfekt gemacht haben. Denn wer sagt Ihnen eigentlich, was perfekt ist und was nicht? Es gibt dafür keine zuverlässigen Anhaltspunkte. Perfektsein ist ganz individuell. Sie können es also sowieso nicht allen recht machen. Deshalb: Seien Sie nicht so streng mit sich selbst, und lassen Sie »fünfe gerade« sein. Das entspannt ungemein!

Unser Leben als Spiegel

»Das Leben ist kein Zuckerschlecken«, »Geld allein macht auch nicht glücklich« oder »Ich finde nie den Richtigen oder die Richtige«. Sind Ihnen diese oder ähnliche blockierenden Gedanken auch schon einmal durch den Kopf gegangen? Und je länger wir darüber nachdenken, desto zutreffender finden wir diese Aussagen. Schließlich scheint uns das Leben diese Statements immer wieder zu bestätigen.

Ursache und Wirkung

Oder ist es nicht vielmehr umgekehrt? Wirken sich nicht eigentlich unsere inneren Überzeugungen auf unsere Lebensumstände aus? Stellen wir uns also einmal die Frage: Was sagen zum Beispiel unsere berufliche Situation, unsere Partnerschaft oder unsere finanzielle Lage über unsere Denkgewohnheiten aus?

Unser Leben hält uns – ähnlich wie auch unsere Beziehungen – einen Spiegel vor und verrät uns eine Menge über uns selbst. Wie wir leben und was sich in unserem Leben ereignet, hat viel mit uns selbst zu tun. Vor allem damit, wie wir denken. Unsere Glaubenssätze reden uns ständig ein, was wir vom Leben zu erwarten haben. Diese Programme in unserem Kopf steuern uns im Hintergrund und beeinflussen uns unbewusst. Alles, was sich im Außen zeigt, ist Ausdruck unserer Gedanken.

Im Spiegel erkennen wir uns selbst

Führen wir nicht das Leben, das wir uns wünschen, kann es sein, dass uns bremsende Glaubenssätze wie »Das klappt ja doch nicht« oder »Das steht mir nicht zu« unbewusst daran hindern, unsere Träume zu verwirklichen. Wir rechnen uns keine Chancen aus oder meinen, wir hätten es nicht verdient. Oder wir denken: »Geld verdirbt den Charakter.« Dann werden wir gar nicht erst Versuche unternehmen, um zu Geld zu kommen, weil wir gleich negative Folgen befürchten. Auch mit der Überzeugung »Ich schaffe das nicht« blockieren wir uns selbst. Glauben wir daran, es nicht wert zu sein, geliebt zu werden, geraten wir womöglich an Partner, die uns auf Distanz halten. Und wer »lieber den Spatz in der Hand als die Taube auf dem Dach« hat, wird sich vielleicht mit wenig zufriedengeben. Das heißt jetzt allerdings nicht, dass wir für alles, was uns im Leben widerfährt, selbst verantwortlich sind. Es gibt viele Dinge, auf die wir – wie auf das Wetter – schlicht keinen Einfluss haben.

Dazu zwei Fallbeispiele:

Marie arbeitet als Informatikerin in einem Software-Unternehmen. Seit zwei Jahren bemüht sie sich darum, eine Sprosse auf der Karriereleiter hochzusteigen – leider bisher vergeblich. Bei der letzten internen Stellenausschreibung hat sie glatt den Stichtag versäumt und ihre Bewerbungsunterlagen zu spät eingereicht. Insgeheim ist sie davon überzeugt: »Erfolg macht einsam.« Aus dieser Angst heraus sabotiert sie sich unbewusst selbst.

Felix ist selbstständiger Gartenplaner. Gegenüber seinen Auftraggebern fällt es ihm schwer, ein angemessenes Honorar für sich zu verhandeln. Oft setzt er in seinem Angebot von vornherein ein zu niedriges Honorar an. Und wenn er nach Abschluss des Auftrags noch versucht nachzuverhandeln, hat er schlechte Karten – und meist kein Glück damit. Zwar würde er gerne besser verdienen, aber unterschwellig wirkt in ihm der Glaubenssatz: »Ich bin es nicht wert.«

REFLEXION

Was unsere Lebensumstände über uns verraten

Im Alltag ab und zu innezuhalten und wahrzunehmen, wie es uns geht, lohnt sich – und ist die beste Voraussetzung dafür, uns unsere Überzeugungen bewusst zu machen. Beantworten Sie die folgenden Fragen wieder möglichst spontan. Welche Antworten treffen auf Sie zu? Ergänzen Sie die Listen wieder um alle Glaubenssätze, die Ihnen sonst noch einfallen.

Läuft in Ihrem Leben nicht alles so, wie Sie sich das wünschen? Empfinden Sie es als leicht oder als mühsam? Welche Haltung haben Sie gegenüber dem Leben?

Das Leben ist hart und ungerecht.
Nur den Tüchtigen winkt das Glück.
Alle sind gegen mich.
Wer wagt, gewinnt.
Alles hat seinen Preis.
Vertrauen ist gut, Kontrolle ist besser.
Das klappt ja doch nicht.
Im Leben bekommt man nichts geschenkt.

Kommen Sie beruflich nicht voran? Gelingt Ihnen, was Sie anpacken, oder eher nicht? Was sind Ihre Ansichten zu den Themen »Arbeit« und »Erfolg«?

Erst die Arbeit, dann das Vergnügen.
Wenn es gut werden soll, mache ich es am besten selbst.
Ich bin nur Durchschnitt, ich verdiene keine besondere Anerkennung.
Ich bin ein/-e Versager/-in.
Hochmut kommt vor dem Fall.
Erfolg macht einsam.
Aus mir wird nie etwas.

Zerrinnt Ihnen das Geld immer wieder zwischen den Fingern? Oder verfügen Sie über genug finanzielle Mittel? Wie stehen Sie zum Thema »Geld«?
Geld ist nicht wichtig.
Geld verdirbt den Charakter.
Geld löst alle meine Probleme.
Wer reich ist, hat keine wahren Freunde.
Ich bin es nicht wert.
Ich komme nie an das große Geld.
Geld muss man sich hart erarbeiten.
Bescheidenheit ist eine Zier.
Geld (allein) macht (auch) nicht glücklich.

Erleben Sie in Ihrer Partnerschaft häufig Krisen? Sind Sie seit Langem glücklich liiert oder wieder Single? Wie denken Sie über das Thema »Partnerschaft«?
Meine Beziehungen sind nicht von Dauer.
Andere Frauen/Männer sind eine Bedrohung.
Ich kenne die Männer/Frauen.
In einer Partnerschaft muss ich mich selbst aufgeben.
Ich brauche eine Beziehung, um glücklich zu sein.

Eine Beziehung engt mich ein.
Ich finde nie die/den Richtige/-n.
Ich bin beziehungsunfähig.
Ich bin es nicht wert, geliebt zu werden.

Welche vorgefassten Meinungen haben Sie in Bezug auf Gesundheit und Alter?
Kranksein bedeutet Schwäche.
Nur wenn ich krank bin, bekomme ich Zuwendung.
Um gesund zu bleiben, muss man leiden.
Dafür bin ich zu alt/zu jung.
Im Alter baut man geistig und/oder körperlich ab.
Als alter Mensch ist man nichts mehr wert.
Im Alter ist man einsam.

Schauen Sie sich zum Abschluss noch einmal alle Glaubenssätze aus diesem Kapitel in Ruhe an. Vielleicht werden Sie feststellen, dass einige davon um ähnliche Themen kreisen wie Sicherheit, Kontakt, Anerkennung, Autonomie, Liebe oder Selbstverwirklichung. Diese Themen spiegeln unsere Grundbedürfnisse wider. Welche davon spielen für Sie eine wichtige Rolle? Welche haben für Sie eine eher untergeordnete Bedeutung?

2

Das Muster hinter der Selbstsabotage enthüllen

Wir sehen die Welt durch eine Brille

Kennen Sie dieses Phänomen? Im Anschluss an ein geschäftliches Meeting tauschen Sie sich mit Kollegen darüber aus. Und stellen fest, dass jeder die Situation anders erlebt hat. Der eine fand die Diskussion sehr konstruktiv, während eine andere die Stimmung als eher angespannt empfunden hat. Wie kann das sein?

»Trübe« Aussichten

Unser Gehirn selektiert unentwegt das, was es wahrnimmt, und richtet seine Aufmerksamkeit nur auf bestimmte Dinge. Und das ist auch gut so, denn sonst wäre es von all den Informationen, die ständig auf uns einströmen, völlig überfordert. Doch wie trifft unser Gehirn aus dieser Datenflut eine Auswahl? Es macht sich die Sache leicht und stützt sich auf das, was es schon kennt, nämlich unsere Erfahrungen. Und die daraus gewonnenen, oft bremsenden Überzeugungen darüber, wer wir sind und wie das Leben ist.

Diese Erfahrungen lassen uns die Welt wie durch eine gefärbte Brille betrachten, die unsere Sicht trübt. Diese Brille filtert unsere Wahrnehmungen und gibt uns vor, wie wir die Realität um uns herum erleben. Im Klartext: Wir sehen nur das, was wir schon kennen und erwarten. Und das ist sehr individuell.

Angenommen wir haben den Glaubenssatz »Alle Menschen sind gegen mich« verinnerlicht: Im Kontakt mit anderen werden wir uns mit dieser Haltung nicht gerade entspannt fühlen. Im Gegenteil, denn unbewusst rechnen wir ständig damit, dass uns jemand schaden könnte. All die netten und wohlwollenden Menschen, die wir treffen, beachten wir vermutlich kaum. Tut uns jemand dann in unseren Augen tatsächlich etwas »Böses«, fühlen wir uns in unserer Überzeugung bestätigt und sagen uns: »Siehst du, hab ich's doch gewusst!«

Wie der Filter verfälscht

Unser Gehirn filtert also bestimmte Informationen nicht nur gezielt heraus, es blendet viele Dinge, die uns begegnen, gleichzeitig auch einfach aus – wie die freundlichen Menschen in dem Beispiel. Wir laufen wie mit Scheuklappen durchs Leben und bemerken all das Positive und die Chancen, die sich uns bieten, gar nicht. Weil wir sie nicht erwarten oder nicht für möglich halten. Sie entsprechen schlicht nicht unseren Überzeugungen.

Solange wir also unsere Brille tragen und in unseren negativen Denkmustern gefangen sind, treffen wir auf wundersame Weise ständig auf ähnliche Menschen und ähnliche Situationen. Wir haben nur Augen für das, was uns vertraut ist.

ÜBUNG

Und welche Brille tragen Sie? Probieren Sie Folgendes aus: Unternehmen Sie etwas gemeinsam mit der Familie oder mit Freunden. Unterhalten Sie sich im Anschluss darüber, wie Sie die Situation jeweils erlebt haben. Wie unterscheiden sich Ihre Wahrnehmungen voneinander? Und durch welche Erfahrungen und Glaubenssätze ist Ihre Sicht vielleicht gefärbt?

Was Gefühle auslöst

Sehen, Hören, Riechen, Schmecken und Fühlen: Mit unseren fünf Sinnen nehmen wir die Welt wahr. Sie sind unsere Antennen nach draußen. Unsere Wahrnehmungen sind an sich völlig neutral, also weder positiv noch negativ, zum Beispiel: Die Sonne scheint, oder ein Hund bellt.

Der ständige Check-up

Doch durch unsere Brille betrachtet, bekommen unsere Sinneseindrücke eine Färbung. Um eine aktuelle Situation einzuschätzen, zieht unser Gehirn, genauer gesagt das limbische System, ähnliche Erfahrungen heran und prüft anhand derer blitzschnell, was von diesen Wahrnehmungen zu halten ist – grundsätzlich eine wichtige Fähigkeit unseres Gehirns, damit wir zum Beispiel bei Gefahr sofort reagieren und uns davor schützen können. Nur eben nicht generell. Das Ergebnis dieser Einschätzung ist davon abhängig, ob wir etwa mit Hundegebell positive oder negative Erinnerungen verbinden.

Fällt uns dabei der kläffende Nachbarshund ein, werden wir vielleicht denken: »Der blöde Köter!«

Erinnern wir uns daran, wie der Hund einer Freundin jedes Mal begeistert bellt, wenn wir zu Besuch kommen, dann gelangen wir möglicherweise zu dem Schluss: »Ach, wie nett, ein Hund!«

Das heißt: Unser Gehirn bewertet – meist unbewusst – laufend alle Sinneseindrücke, die es aufnimmt. Ausschlaggebend dafür sind unsere Vorlieben und Abneigungen, die nichts anderes als unsere Glaubenssätze und Überzeugungen über uns und das Leben widerspiegeln. Genau diese Bewertung macht aus einer schlichten Tatsache eine persönliche Angelegenheit.

Es gibt Dinge, die wir für »richtig« oder »falsch«, »gut« oder »schlecht« halten. Überhaupt wünschen wir uns manches in unserem Leben anders und können es nicht so akzeptieren, wie es ist. Glückliche Momente möchten wir am liebsten für immer festhalten, während wir unangenehme Situationen möglichst schnell hinter uns lassen wollen. Wir hoffen, dass andere unsere Erwartungen – ob ausgesprochen oder nicht – erfüllen, sonst sind wir enttäuscht oder verärgert. Jeder, der uns begegnet, wird kategorisiert und in eine Schublade gesteckt. Bestimmte Verhaltensweisen oder Haltungen lehnen wir ab, andere befürworten wir. Wir sind nicht gerade sparsam mit unserem Urteil über uns und andere.

Diese gedanklichen Bewertungen sind es, die innerhalb kürzester Zeit Gefühle in uns auslösen. Gedanken können einen unglaublichen Sog entwickeln, und oft erleben wir unsere Gefühle als heftige Wallungen: Sie können uns innerlich in Aufruhr versetzen und sich unkontrollierbar Luft machen. Im Normalfall suchen wir die Ursachen dafür gerne bei den äußeren Umständen und den Menschen um uns herum, nur nicht bei uns selbst. Wären die Umstände anders und verhielten sich die anderen anders, dann könnten wir glücklich und zufrieden sein …

Doch tatsächlich sind es unsere Gedanken, die dafür verantwortlich sind, wie es uns geht. Um bei dem Beispiel mit dem Hundegebell zu bleiben: Der kläffende Nachbarshund wird eher ablehnende Gefühle wie Ärger in uns wecken, bei dem Gedanken an den Hund unserer Freundin macht sich dagegen Freude breit. Ergebnissen aus der Hirnforschung zufolge dauert es nur circa 30 Sekunden, bis ein Gedanke ein Gefühl erzeugt. Etwa 90 Sekunden später verschwindet es normalerweise wieder. Wenn uns Gefühle länger beschäftigen, liegt das daran, dass ständig dieselben Gedanken in unserem Kopf herumkreisen.

Die Wirkung der Gefühle

Unsere Gefühle sind die Antriebsfeder für unsere Handlungen. Auch das ist uns oft nicht bewusst. Erst ein Gefühl gibt uns die nötige Energie, um zu handeln. Außerdem lösen unsere Gefühle sofort ein entsprechendes Körperempfinden in uns aus (→ auch ab Seite 72).

Ärgern wir uns über das Hundegebell, spannt sich unser Körper an, und wir schließen womöglich das Fenster oder gehen dem Hund aus dem Weg. Ruft das Gebell positive Gefühle in uns hervor, würden wir den Hund vielleicht am liebsten streicheln. Wie wir uns fühlen und wie wir – auch körperlich – reagieren, hängt also davon ab, wie wir eine Situation aufgrund unserer Erfahrungen und Überzeugungen bewerten.

Wie Gedanken, Gefühle und Körper zusammenspielen

Zwischen unseren Gedanken, unseren Gefühlen und unserem Körpererleben besteht ein direkter Zusammenhang. Gedanken lösen Gefühle aus. Und diese Gefühle können wir unmittelbar als Empfindungen im Körper wahrnehmen. Dieses Zusammenspiel lässt sich ganz leicht selbst erfahren.

REFLEXION

Gedanken wecken Gefühle

Wenn Sie sich Erinnerungen – ob schön oder traurig – wieder ins Gedächtnis rufen oder sich bestimmte Situationen einfach nur in Gedanken vorstellen, wird auch das zugehörige Gefühl in Ihnen wach. Sprich: Ihr Denken weckt Gefühle. Probieren Sie es aus!

- Denken Sie an einen Menschen, den Sie sehr mögen. Stellen Sie ihn sich bildlich vor. Welches Gefühl taucht in Ihnen auf?
- Sie freuen sich schon auf Ihren Kurzurlaub zu zweit, aber dann werden Sie krank und müssen den Urlaub stornieren. Wie fühlen Sie sich?

- Der Bus oder die Bahn fährt Ihnen vor der Nase weg. Was geht in Ihnen vor?
- Erinnern Sie sich noch daran, als Sie das letzte Mal frisch verliebt waren?
- Oder stellen Sie sich vor, Sie präsentieren ein wichtiges Projekt. Plötzlich haben Sie einen Blackout ...
- Führen Sie sich einen wunderschönen Sonnenaufgang vor Augen, das Meer rauscht, die Luft schmeckt nach Salz ...

ÜBUNG

Schenken Sie sich ein inneres Lächeln

Kinder lachen pro Tag durchschnittlich dreißig Mal so viel wie Erwachsene. Lachen tut einfach gut. Und ist gesund. Lassen Sie sich davon anstecken!

- Machen Sie es sich bequem, ob im Sitzen oder Liegen. Wenn Sie möchten, schließen Sie die Augen. Lassen Sie Ihren Atem ruhig und gleichmäßig fließen.
- Jetzt stellen Sie sich vor, wie Sie nacheinander in jeden Körperbereich Ihr strahlendstes Lächeln schicken. Beginnen Sie beim Kopf, und arbeiten Sie sich dann vor bis zu den Füßen samt jeder einzelnen Zehe. Spüren Sie dabei Ihren Atem.

- Genießen Sie die wohltuende Wirkung, solange Sie möchten. Und schauen Sie zum Spaß nachher in den Spiegel ... Wie fühlen Sie sich jetzt?

Diese Übung ist ein Beispiel dafür, welchen Einfluss unser Denken auf unsere Gefühle und unser Körperempfinden hat. Allein die Vorstellung an ein Lächeln entspannt den ganzen Körper und schenkt uns Leichtigkeit, Freude und Zuversicht.

ÜBUNG

Gefühle sind im Körper zu Hause

- Ein spannendes Phänomen: Nehmen wir bestimmte Körperhaltungen ein, lösen sie entsprechende Gefühle in uns aus. Daraus können wir schließen, wie eng die Verbindung zwischen unseren Gefühlen und unserem Körper ist. Machen Sie dazu ein kleines Experiment:
- Stellen Sie sich locker und bequem hin. Atmen Sie tief in den Bauch hinein. Dann lassen Sie Ihren Kopf nach vorne fallen, und lassen Sie Ihre Schultern hängen. Verweilen Sie einige Zeit in dieser Haltung. Spüren Sie in sich hinein, und nehmen Sie Ihr Körpererleben bewusst wahr. Welches Gefühl taucht in Ihnen auf? Benennen Sie das Gefühl. Lassen Sie das Gefühl dann wieder los, und schütteln Sie sich aus.

- Verziehen Sie das Gesicht zu einer ärgerlichen Grimasse. Beißen Sie die Zähne zusammen, und ballen Sie die Fäuste ... Dann entspannen Sie Ihren ganzen Körper wieder.
- Ziehen Sie die Schultern hoch, ducken Sie den Kopf, und halten Sie die Arme wie zum Schutz angewinkelt vor den Körper. Dann lassen Sie wieder los.
- Richten Sie sich gerade auf, und heben Sie den Kopf an. Straffen Sie Ihre Schultern, schieben Sie das Brustbein nach vorne, und nehmen Sie einen entschlossenen Gesichtsausdruck an. Wie fühlen Sie sich jetzt? Schütteln Sie Ihren Körper zum Schluss locker aus.

Welche Gefühle haben die verschiedenen Körperhaltungen in Ihnen ausgelöst? Was haben Sie erlebt? Haben Sie einen Unterschied festgestellt? Wenn wir wissen möchten, wie wir uns fühlen, brauchen wir nur auf unseren Körper zu hören.

Die Kraft der Gedanken

Im Alltag funktionieren wir mehr oder weniger automatisch und sind uns unserer oft negativen Denkmuster nicht im Klaren. Sie laufen, wie schon gesagt, überwiegend unbewusst ab. Deshalb unterschätzen wir mitunter völlig, welchen Einfluss unsere Gedanken auf unser Leben haben. Dennoch wirken sie im Stillen. Fragt sich also: Welche Kraft haben unsere Gedanken?

Unsere Sicht der Realität

Wir wissen jetzt, wie unser Gehirn tickt: Auf Basis unserer Vergangenheit filtert es unsere Wahrnehmungen und füttert uns nur mit ausgewählten Informationen, andere enthält es uns dafür vor. Unsere Sicht ist dadurch eingeschränkt. Der springende Punkt: Unser Denkapparat bewertet und interpretiert die eingehenden Daten und legt als Maßstab unsere alten Erfahrungen an. Dabei verfälscht es die Informationen womöglich und deutet Inhalte in Situationen hinein, die nicht der Realität entsprechen, sondern unseren eigenen Erwartungen und Überzeugungen – eben unserer verzerrten Sicht der Welt als »Brillenträger«. Wir verstehen zum Beispiel etwas als böse Absicht, was nicht wirklich gegen uns gerichtet ist – nur, weil wir es so gewohnt sind.

Schöpfer unserer Welt

Die Gefühle wiederum, die unsere bewertenden Gedanken in uns erzeugen, veranlassen uns – wie wir gesehen haben – zu Handlungen. Auf diese

Weise bringen wir alles, was wir denken, ins Leben und erschaffen uns unsere eigene Wirklichkeit. Sind wir zum Beispiel davon überzeugt, dass das Leben schwer ist, wählen wir womöglich häufig unbewusst den schweren statt den leichten Weg. Mit dem Glaubenssatz »Ich habe einfach kein Glück« werden wir unsere Chancen vielleicht manchmal tatsächlich verpassen. Unsere Gedanken haben, so betrachtet, echte Schöpferkraft. Die äußere Welt ist ein Spiegel unserer inneren Welt.

Gleichzeitig erzeugen unsere Glaubenssätze eine gewisse Ausstrahlung, die auf unser Umfeld wirkt und mit ihm in Resonanz geht. So ziehen wir – wie ein Magnet – Gleichartiges oder Gegensätzliches an. Mit der Überzeugung »Ich bin nicht gut genug« etwa sind wir für Menschen attraktiv, denen es ähnlich geht. Oder für solche, die diese Unsicherheit ausnutzen.

Nicht anders als erwartet

Mit anderen Worten: Wir sorgen unbewusst dafür, dass sich unsere oft negativen Überzeugungen bewahrheiten. Solange wir in unseren Denkmustern verhaftet sind, beweisen wir uns immer wieder aufs Neue, was wir sowieso erwarten. Wir wiederholen ein ums andere Mal die gleichen Erfahrungen. Dadurch verstärken sich unsere Überzeugungen noch, und unser Ego fühlt sich in seinen Konzepten, also unserem falschen Selbstbild, das wir uns im Laufe unseres Lebens von uns selbst gebastelt haben, bestätigt.

Dahinter steckt ein Muster

Diese Dynamik folgt einem Muster, das diese drei Fallbeispiele veranschaulichen:

Charlotte begegnet auf der Straße zwei Bekannten aus ihrem Sportverein, die sich angeregt unterhalten. Charlotte nimmt wahr, wie die eine flüchtig zu ihr herübersieht. Charlotte interpretiert ihren Blick so, wie es ihrem Glaubenssatz »Ich bin es nicht wert, geliebt zu werden« und ihrer Erwartung entspricht: Sie findet, dass die Bekannte irgendwie komisch schaut, und schließt daraus: »Die mag mich nicht.« Daraufhin fühlt sie sich ausgegrenzt und läuft verärgert und enttäuscht an ihren Bekannten vorbei. Charlotte kommt gar nicht auf die Idee, dass die beiden sie nicht begrüßen, weil sie so in ihr Gespräch vertieft sind. Sie ist nicht in der Lage, eine andere Wirklichkeit um sich herum wahrzunehmen als die, die sie kennt.

Laura träumt seit einiger Zeit davon, sich wieder eine Teilzeitstelle in ihrem alten Beruf als PR-Managerin zu suchen. Allerdings macht sie sich Sorgen, ob das klappt, denn schließlich ist sie jetzt schon lange aus ihrem Beruf raus. Diese Bedenken werden von ihrem Glaubenssatz »Ich bin nicht gut genug« weiter befeuert. Mit entsprechend wenig Selbstvertrauen und Enthusiasmus geht Laura an ihre Bewerbungen heran. Als zwei Absagen eintreffen, wertet Laura das als Zeichen dafür, dass sie keine großen Chancen auf dem Arbeitsmarkt hat, wie nicht anders zu erwarten war. Von diesem kleinen Rückschlag lässt sie sich entmutigen und legt ihre Pläne vorläufig auf Eis – auch wenn ein Erfolg nach so kurzer Zeit nicht gerade realistisch ist. Laura misst den Absagen so viel Bedeutung zu, dass sie aufgibt, ohne ihre Aussichten auf einen Job wirklich überprüft zu haben.

Moritz sitzt oft noch bis spätabends in der Firma. Gemäß seinem Glaubenssatz »Ich muss es anderen immer recht machen« ist es ihm wichtig, ein guter Vorgesetzter zu sein. Das heißt für ihn auch, seinen Mitarbeitern nicht zu viel zuzumuten, zum Beispiel Überstunden. Gleichzeitig möchte Moritz seinem Chef entgegenkommen und kann ihm deshalb keine Bitte abschlagen. Das bringt ihn manchmal ziemlich in die Bredouille – und auch in Rage. Allerdings sieht Moritz keinen anderen Ausweg, als die an ihn gestellten Erwartungen zu erfüllen. Und so übernimmt er eilige Aufgaben kurzerhand eben selbst. Dass er es allen recht machen möchte, strahlt Moritz auch aus. Seine Kollegen können das spüren – und nutzen sein Engagement manchmal bereitwillig aus. In gewisser Weise beeinflusst Moritz seinen Chef und seine Mitarbeiter durch sein Verhalten und sorgt unbewusst dafür, dass diese Dynamik bestehen bleibt.

Diese Beispiele zeigen, wie wir uns immer wieder selbst beweisen, dass unsere Glaubenssätze stimmen. Dabei ist das Prinzip stets das gleiche, das Geschehen läuft nach einem bestimmten Muster ab: Wir legen alles, was uns begegnet, gemäß unseren Erwartungen und Überzeugungen aus – und handeln danach. Dadurch bringen wir uns dauernd in ähnliche Situationen, die unsere Glaubenssätze zu bewahrheiten scheinen – und das dahinterliegende Prinzip zunehmend verstärken. Ursprünglich diente diese Strategie dazu, uns vor neuerlichen Verletzungen und unangenehmen Erfahrungen zu schützen. Sobald wir uns diese Dynamik bewusst machen, wird es uns möglich, sie zu durchbrechen.

ÜBUNG

So erkennen Sie das Muster

Welche Dynamik entwickeln Ihre Glaubenssätze? Und wie bestätigen Sie sich Ihre Überzeugungen immer wieder selbst? Mit dieser Übung finden Sie es heraus.

- Nehmen Sie sich etwa 10 bis 20 Minuten Zeit. Suchen Sie sich einen Glaubenssatz aus, der Ihnen immer wieder durch den Kopf geht oder Sie im Moment besonders blockiert. Schreiben Sie ihn auf.

- Erinnern Sie sich an eine typische Situation, in der Sie sich so gefühlt haben oder in der dieser Gedanke in Ihnen aufgetaucht ist. Führen Sie sich diese Situation möglichst lebhaft vor Augen.
- Wie nehmen Sie die Situation wahr?
- Wie interpretieren und bewerten Sie diese Wahrnehmung? Was ist Ihre Erwartung?
- Welches Gefühl weckt diese Situation in Ihnen?
- Welche Handlung resultiert daraus? Wie reagieren Sie?
- Was ist die Folge davon?

Können Sie das sich selbst verstärkende Prinzip erkennen? Wie würden Sie die Situation als Unbeteiligter von außen einschätzen? Das nächste Mal, wenn Sie sich wieder in einer ähnlichen Situation befinden, können Sie sich klarmachen, dass hier ein Glaubenssatz wirkt. Versuchen Sie dann bewusst, aus Ihrem Muster auszusteigen, und überprüfen Sie Ihre Wahrnehmung noch einmal.

Aktuelles aus der Hirnforschung

Unsere Denkmuster bestimmen unser ganzes Leben. Lange Zeit ging die Wissenschaft davon aus, dass sich unser Gehirn nur in der Kindheit entwickelt und danach nicht mehr deutlich verändert. Mittlerweile weiß man allerdings, dass sich unser

Gehirn ein Leben lang wandelt. Das betrifft auch unsere hinderlichen Glaubenssätze und Überzeugungen.

Routine hat ihr Gutes

Denkgewohnheiten haben durchaus etwas für sich. Sie sind wie ein Anker in unserem sonst oft turbulenten Leben und schenken uns das Gefühl von Sicherheit. Außerdem ist Routine im Alltag nützlich und erleichtert uns das Leben: Wir wissen zum Beispiel, ob man bei Rot oder bei Grün über eine Ampel geht, ohne darüber nachzudenken.

Auch unser Gehirn liebt Gewohnheiten. Sie entstehen, weil das Gehirn ständig nach Wegen sucht, sich möglichst wenig anzustrengen. Das erlaubt es ihm, auf Stand-by-Modus herunterzufahren. Und das hat einen großen Vorteil: Unsere grauen Zellen verzetteln sich nicht mit Nebensächlichkeiten und wiederkehrenden Überlegungen. Sie können ihre Energie stattdessen für Wichtigeres einsetzen, etwa dafür, Ideen zu entwickeln oder Neues zu lernen. Wissenschaftler haben entdeckt, dass mindestens 30 bis 50 Prozent, wenn nicht sogar 90 Prozent unserer täglichen Handlungen nicht auf bewussten Entscheidungen beruhen, sondern einfach nur Gewohnheiten sind.

Unser Gehirn ist flexibel

Auch wenn unser Gehirn »bequem« ist und die Mehrheit unserer Gedanken und Verhaltensweisen reiner Routine unterliegt: Untersuchungen fanden heraus, dass unser Gehirn jederzeit dazu in der Lage ist, sich neu zu verschalten. In einem Experiment sollten Versuchspersonen ein kurzes Klavierstück einstudieren. Eine andere Teilnehmergruppe sollte sich nur vorstellen, das Klavierstück zu üben – ohne tatsächlich auf dem Instrument zu spielen. Das erstaunliche Ergebnis: Bei beiden Gruppen zeigten sich ähnliche Veränderungen im Gehirn, sprich: eine Vergrößerung der betroffenen Hirnareale. Die bloße Vorstellungskraft der Gedanken hatte also eine vergleichbare Wirkung wie das Klavierspielen selbst.

Eine Frage des Trainings

Dieses Phänomen nennen Neurobiologen »neuronale Plastizität«. Darunter verstehen sie die Fähigkeit des Gehirns, sich abhängig von seiner Verwendung umzubauen und seine Nervenzellen immer wieder neu und besser miteinander zu vernetzen, um auf diese Weise Abläufe zu optimieren. Und zwar bis ins hohe Alter.

Wie das Experiment erkennen lässt, entwickelt sich unser Gehirn also ähnlich wie ein Muskel durch regelmäßiges Training – auch durch unser Denken. Das bedeutet: Häufig gedachte Gedanken – ob positive oder negative – aktivieren und verstärken ihre eigenen Nervenbahnen und bauen sie zu breiten »Straßen« aus. Pflegen wir negative Gedanken, üben wir uns weiterhin etwa in Grübeleien, Sorgen und Ängsten. Denken wir positiv, gelingt es uns immer besser, freundlich auf uns und die Welt zu schauen. Worauf wir unseren Fokus legen, ist unsere Entscheidung. Gleichzeitig heißt das, dass es möglich ist, alte und hinderliche Denkmuster aufzulösen und sich davon zu verabschieden.

Der modernen Hirnforschung zufolge unterstützt uns alles, wofür wir uns begeistern können, in besonderem Maße dabei, uns von Gewohnheiten zu lösen. Denn jeder kleine Sturm der Begeisterung setzt im Gehirn ein körpereigenes Doping in Gang. Unser Gehirn schüttet dabei Botenstoffe aus, die unsere Nervenzellen dazu bringen, sich neu zu vernetzen und zu verschalten. So einfach ist das: Das Gehirn entwickelt sich so, wie es mit Begeisterung genutzt wird. Schöne Aussichten!

3

Abstand von unserem falschen Selbstbild gewinnen

Unser Selbstbild ist eine Täuschung

Keine Frage: Unser Verstand ist ein wichtiges Werkzeug. Er hilft uns zum Beispiel dabei, Situationen einzuschätzen, Entscheidungen zu treffen und Aufgaben zu erfüllen. Wir brauchen ihn ganz einfach, um uns in dieser Welt zurechtzufinden.

Wie wir über uns denken

Allerdings: Etwa 80 bis 90 Prozent unserer Gedanken sind nicht nur nutzlos, sondern auch negativ und wiederholen sich noch dazu ständig. Dabei orientieren sich unsere Denkgewohnheiten an den Erfahrungen aus unserer Kindheit und den Überzeugungen, die wir daraus gewonnen haben. Diese Ego-Stimmen in unserem Kopf grübeln unentwegt, was wir hätten besser machen können, und sorgen sich, dass uns etwas misslingen könnte. Pausenlos ist unser innerer Saboteur damit beschäftigt, uns zu bewerten und mit anderen zu vergleichen. Meist schneiden wir dabei schlechter ab. Er kommentiert alles, was wir sagen, fühlen und tun, er setzt uns unter Druck, macht uns klein oder beschämt uns. Unsere Glaubensmuster schwächen und blockieren uns, rufen entsprechend negative Gefühle in uns hervor und können uns regelrecht peinigen.

Was wir glauben zu sein

Das eigentliche Problem besteht darin, dass wir uns unbewusst mit unserem Ego identifizieren. Das heißt: Wir sind zutiefst davon überzeugt, dass das Selbstbild, das uns unser Ego vermittelt, der Wahrheit entspricht. Dass wir also tatsächlich so *sind*, wie wir zu sein glauben. Wir zweifeln keine Sekunde daran. Kein Wunder, denn da die Identifikation unbewusst ist, wissen wir nicht einmal, dass wir einem trügerischen Selbstbild aufsitzen. Unbewusst meinen wir zum Beispiel, wir *sind* unzulänglich oder wir *sind* nicht liebenswert. Statt zu erkennen, dass wir das nur von uns *denken* und uns unzulänglich oder nicht liebenswert *fühlen*. Beides sind keine Aspekte unseres wahren Wesens, es handelt sich lediglich um Gedanken und Gefühle.

Die Identifikation mit unserem Selbstbild äußert sich etwa darin, dass wir in bestimmten Situationen unkontrolliert und sehr emotional reagieren. Unsere Gefühle überwältigen uns einfach, wir werden zu diesen Gefühlen und handeln danach. Unser Ego springt sofort auf das Geschehen an: Es verteidigt sich, greift an oder setzt andere ins Unrecht. Womöglich sucht es die Schuld auch bei sich und plagt sich tagelang mit schweren Selbstvorwürfen. Oder es versinkt in düsteren Gedanken darüber, wie schrecklich das Leben ist.

Wovor wir uns fürchten

Das Ego wird immer bestrebt sein, an unserem falschen Selbstbild festzuhalten, denn dabei geht es um seine eigene Existenz. Deshalb klammert es sich bereitwillig an unsere Glaubenssätze und Überzeugungen, die so großes Leid in uns verursachen können. Unser innerer Saboteur liebt Dramen, Probleme und Konflikte und beschwört sie immer wieder von Neuem herauf. Auf diese Weise sichert das Ego sein Überleben. Jede Abweichung von unseren Gewohnheiten ruft das Ego auf den Plan und lässt es aufbegehren, um uns daran zu hindern, vom vorgegebenen Kurs abzuweichen. Aus unseren Sorgen und Nöten beziehen wir eine Art von Identität. Deshalb geht es uns selbst nicht viel anders als unserem Ego: Wir haben unbewusst Angst davor, unser Selbstbild zu verlieren. Denn wer wären wir noch – ohne diese Vorstellung von uns? Also verteidigen wir dieses Konzept vehement. Lieber beharren wir auf dem Alten – auch wenn wir dabei noch so unglücklich sind –, als zu riskieren, das vertraute Ich aufzugeben. Dabei ist unser Ego nichts weiter als eine Erfindung unseres Verstandes, die wir für uns selbst halten. In Wahrheit sind wir viel mehr als unser Ego.

ÜBUNG

Diese Übung ist ebenso einfach wie kraftvoll. Schließen Sie die Augen, und sprechen Sie die Worte »Ich bin, die/der ich bin« langsam, laut und deutlich mehrmals hintereinander aus. Lassen Sie die Kraft dieser Worte auf sich wirken. Können Sie spüren, wie die Worte Sie auf einer tieferen Ebene berühren?

So gehen Sie fürs Erste auf Distanz zu Ihrem Ego

Unser Ego hat uns meist ziemlich fest im Griff. Wir sind es gar nicht gewohnt infrage zu stellen, was es uns einflüstert. Probieren Sie es einfach aus, den Gedanken etwas entgegenzusetzen. Hier eine Auswahl an Möglichkeiten:

Zweifeln Sie Ihre Glaubenssätze an. Unser Ego hegt feste Überzeugungen, die tief in uns verankert sind. Aber: Nur weil wir daran glauben, müssen sie noch lange nicht wahr sein. Treten Sie innerlich einen Schritt zurück, und hinterfragen Sie Ihre Denkgewohnheiten: Wer sagt, dass sie stimmen? Haben Sie schon andere Erfahrungen gemacht? Wenden Sie sich ersten Zweifeln, die in Ihnen aufkeimen, liebevoll zu.

Drehen Sie Ihre Denkmuster ins Gegenteil um. Drehen Sie den Spieß zum Spaß doch einmal um: Verkehren Sie Ihre Glaubenssätze in ihr Gegenteil. Sagen Sie statt »Ich habe immer Pech« zur Abwechslung »Ich bin ein Glückspilz«. Spüren Sie einen Unwillen gegen diese Aussage? Das ist Ihr Ego, das Sie wieder auf Kurs bringen möchte.

Nehmen Sie es wahr, aber schenken Sie ihm nicht zu viel Aufmerksamkeit.

Ändern Sie Ihren Blickwinkel. Wenn wir fest an etwas glauben, übersehen wir dabei leicht eins: Das ist nur eine Sicht der Dinge. Wechseln Sie die Perspektive, und versetzen Sie sich in eine andere Person hinein. Was würde sie denken? Seien Sie offen für eine neue Betrachtungsweise.

Prüfen Sie, ob das heute noch stimmt. Haben Sie einige Ihrer Glaubenssätze vielleicht von Ihren Eltern oder anderen Ihnen nahestehenden Personen übernommen? Dann fragen Sie sich: Sehe ich das heute auch noch so? Trifft das auf mich zu? Macht das mein Leben einfacher? Falls nicht, erlauben Sie sich, diese Glaubenssätze grundsätzlich in Zweifel zu ziehen.

Relativieren Sie Ihre hinderlichen Überzeugungen. Die meisten Glaubenssätze sind nichts anderes als Binsenweisheiten, zum Beispiel: »Ohne Fleiß kein Preis«. Oder sie enthalten Verallgemeinerungen wie »alles«, »immer« oder »nie« und scheren alles über einen Kamm wie »Ich kann das nicht«. Prüfen Sie Ihre Glaubenssätze daraufhin, und relativieren Sie sie. Wie wär's mit: »Ich kann das *jetzt* noch nicht«? Spüren Sie, wie der Glaubenssatz an Kraft verliert?

Denken Sie noch einmal neu. Drücken Sie die »Reset-Taste«. Stellen Sie Glaubenssätze, die Ihnen nicht guttun, für den Moment zur Seite, und denken Sie noch einmal völlig neu. Gehen Sie unvoreingenommen an die Dinge heran – frei von vorgefassten Meinungen. Zu welcher Einschätzung gelangen Sie jetzt?

Der innere Beobachter

Was denke ich gerade? Wie fühle ich mich im Moment? Jedes Mal, wenn wir uns diese Fragen stellen, ist der Bann schon gebrochen. Sobald wir die Stimmen in unserem Kopf hören und unsere Gefühle spüren, sind wir uns unserer selbst bewusst – und sind nicht mehr mit unseren Gedanken und Gefühlen identifiziert.

Beobachten macht bewusst

In uns gibt es eine Instanz, die uns beim Bewusstmachen hilft. Sie ist dazu in der Lage, alles, was sich in unserem Inneren aktuell abspielt, aus einer gewissen Distanz zu betrachten und unsere Gedanken und Gefühle von einer höheren Warte aus wahrzunehmen. Dieser innere Beobachter nimmt eine neutrale Position ein. Er hat ein waches Auge auf das, was in uns vorgeht, und stellt ganz wertfrei fest: »Das denke ich also. Wie interessant!« Oder: »Aha, jetzt taucht dieses Gefühl in mir auf.«

Allein durch seine Aufmerksamkeit bewirkt unser innerer Beobachter sehr viel: Auf diese Weise fördert er die Gedanken und Gefühle, die in unserem Unterbewusstsein schlummern, ans Tageslicht. Mit seiner Hilfe schaffen wir es auch, den nötigen Abstand zu unserem Ego zu gewinnen.

Eine wichtige Erkenntnis

Um die Perspektive des Beobachters einzunehmen, reicht es, sich unseren momentanen Gedanken und Gefühlen bewusst zuzuwenden. Besonders interessant sind die Gedanken, die wir nur allzu gut kennen und die sich wie eine Litanei ständig wiederholen: unsere Glaubenssätze und Überzeugungen. Entscheidend dabei ist, dass wir unsere Gedanken und Gefühle nicht bewerten, sondern einfach nur beobachten. Vor allem solche, die wir eigentlich nicht haben möchten und ablehnen. Das gelingt am besten mit einer inneren Haltung von Wohlwollen uns selbst gegenüber. Es geht darum, unsere Gedanken und Gefühle einfach da sein zu lassen und anzunehmen – so wie sie sind. Ohne sie mit dem Verstand analysieren, interpretieren oder begreifen zu wollen.

Während wir zuhören und fühlen, werden wir bemerken, wie Ruhe und Stille in uns einkehren. Und wir können hinter unseren Gedanken und Gefühlen eine tiefere Wahrheit spüren. In diesem Zustand von Bewusstsein finden wir Zugang zu unserem wahren Selbst. Dann können wir in uns klar erkennen: »Da ist die Stimme oder das Gefühl, und hier bin ich.«

Durch diese Erkenntnis lernen wir, zwischen unserem Ego und unserem wahren Selbst zu unterscheiden. Unsere Gedanken und Gefühle verlieren ihre Macht über uns. Wir können die Identifikation mit unserem Ego aufgeben und kommen besser in Kontakt mit uns selbst. Da sich Gedanken oft mit Vergangenheit und Zukunft beschäftigen, halten sie uns von der Gegenwart fern – und damit von unserem ganzen Leben, das nur in der Gegenwart stattfindet. Der innere Beobachter bringt uns wieder ins Hier und Jetzt zurück.

Sind uns unsere Gedanken und Gefühle erst einmal bewusst, können wir sie auch reflektieren. Aus der Sicht unseres inneren Beobachters können wir das gesamte Geschehen betrachten und besser verstehen, was uns veranlasst, in bestimmten Situationen ein bekanntes Verhaltensmuster abzuspulen und etwa mit Angriff, Verteidigung, Rückzug oder Schuldgefühlen zu reagieren. Wir erfassen den Zusammenhang zwischen unserem Denken, Fühlen und Handeln und sehen das sich wiederholende Muster dahinter.

Mit der Zeit wird es uns immer leichter fallen, uns von unserem falschen Selbstbild zu lösen. Unsere Gedanken und Gefühle können uns nicht länger täuschen und vorgeben, wir zu sein. Ihre Bedeutung lässt allmählich nach, weil unser Selbstgefühl nicht mehr von ihnen abhängt. Mit jeder einzelnen Erkenntnis wächst unsere innere Freiheit, und unser wahres Wesen kommt mehr und mehr zum Vorschein.

So schulen Sie Ihren inneren Beobachter

Unser innerer Beobachter ermöglicht es uns, die Identifikation mit unserem falschen Selbstbild loszulassen. Damit wir uns jederzeit an ihn wenden können, lohnt es sich, diese wunderbare Instanz in uns zu trainieren.

ÜBUNG

Die Haltung des inneren Beobachters einnehmen

- Lenken Sie Ihre Aufmerksamkeit auf Ihren Atem, und nehmen Sie wahr, wie Ihr Atem ein- und ausströmt.
- Richten Sie Ihren Fokus auf Ihre Gedanken, und beobachten Sie ganz wach und interessiert, was in Ihrem Kopf gerade vorgeht. Akzeptieren Sie die Gedanken, wie sie sind. Bewerten oder analysieren Sie sie nicht. Lassen Sie Ihre Gedanken einfach da sein.
- Verweilen Sie einige Zeit dabei. Machen Sie sich klar, dass Sie denken, und versuchen Sie, die Gedankeninhalte zu benennen.

- Wichtig dabei ist: Entwickeln Sie ein Bewusstsein für den inneren Beobachter, und werden Sie sich Ihrer selbst als Zeuge Ihrer eigenen Gedanken bewusst.

Diese Übung können Sie auch auf Ihre Gefühle anwenden. Üben Sie dieses bewusste Beobachten möglichst häufig. Anfangs genügen ein paar Minuten, dehnen Sie die Übung dann länger aus. So wird es Ihnen immer besser gelingen, sich von Ihrem Ego zu distanzieren.

Tipps, um den Beobachter besser kennenzulernen

Um Ihren inneren Beobachter zu schulen und immer vertrauter mit ihm zu werden, integrieren Sie das Üben am besten in Ihren Alltag.

Begehen Sie ein kleines Morgen-Ritual. Machen Sie es sich zur Gewohnheit, morgens – gleich wenn Sie aufwachen – zuerst auf Ihre Gedanken und Gefühle zu achten. Fragen Sie sich: »Was denke ich gerade?« oder »Wie fühle ich mich jetzt?«. Nehmen Sie sich einige Minuten Zeit dafür, und seien Sie als Beobachter gegenwärtig. Wenn Sie möchten, können Sie diese bewusste Aufmerksamkeit auch auf die Tätigkeiten richten, die Sie im Laufe des Tages zu erledigen haben, zum Beispiel aufs Duschen, Einkaufen oder Kochen.

Schreiben Sie ungefiltert alles auf. Ziehen Sie sich an einen ruhigen Ort zurück. Schenken Sie in den nächsten 10 bis 15 Minuten Ihren Gedanken und Gefühlen Ihre ungeteilte Aufmerksamkeit, und schreiben Sie alles auf, woran Sie im Moment denken und was Sie fühlen. Nehmen Sie dabei die Position des inneren Beobachters ein, und zensieren Sie Ihre Gedanken und Gefühle nicht. Spüren Sie beim Schreiben Ihre Gegenwärtigkeit, und lauschen Sie auf die tiefere Wahrheit hinter Ihren Worten.

Machen Sie ein Selbst-Experiment. Schlüpfen Sie in die Rolle des Zuschauers, und beobachten Sie sich einen ganzen Tag lang. Lenken Sie Ihre Aufmerksamkeit auf alles, was Ihnen passiert. Das müssen keine besonderen Ereignisse sein, oft sind es gerade die alltäglichen Dinge, die aufschlussreich sind. Nehmen Sie dabei bewusst wahr, was Sie in diesen Situationen denken und fühlen. Reflektieren Sie auch, wie Sie sich verhalten und was Sie dazu bewogen hat. Vielleicht können Sie das sich selbst verstärkende Prinzip dahinter entdecken. Sollten starke Gefühle in Ihnen aufwallen, lassen Sie sich nicht von ihnen fortreißen, sondern bleiben Sie präsent und beobachten und spüren Sie Ihre Gefühle gleichzeitig. So erfahren Sie, dass Sie Gefühle *haben* und nicht Ihre Gefühle *sind*.

ÜBUNG

Was ist in der Lücke?

- Werden Sie sich Ihrer Gedanken bewusst, und beobachten Sie sie eine Zeit lang. Vielleicht werden Sie feststellen, dass sie sich allmählich beruhigen.
- Bleiben Sie in der Rolle des Zuschauers, und legen Sie Ihren Fokus auf die Lücke zwischen zwei Gedanken. Was nehmen Sie wahr?

Jede Unterbrechung des unablässigen Gedankenstroms bedeutet, dass wir nicht mit unserem Verstand identifiziert sind. Sie holt uns in die Gegenwart zurück und eröffnet uns den Zugang zu einer tieferen Ebene unseres Seins. Möglicherweise empfinden Sie diese Pause einfach als wohltuend. Oder Sie fühlen Stille und inneren Frieden in sich. Vielleicht steigt auch ein Gefühl von Freude in Ihnen auf.

Das Tor zu unserer Gefühlswelt

Genauso wichtig wie es ist, unsere Gedanken zu beobachten, ist es, uns unsere Gefühle bewusst zu machen. Denn wie wir wissen, sind unser Denken und Fühlen eng miteinander gekoppelt: Jeder Gedanke erzeugt ein Gefühl in uns. Unter Umständen sogar sehr starke Gefühle wie heftige Wut, tiefe Trauer oder die Angst, nicht geliebt oder verlassen zu werden. Deshalb ist es unumgänglich, dass wir uns unseren Gefühlen widmen und uns erlauben, sie zu spüren.

Wir sind nicht unsere Gefühle

Häufig schenken wir unseren Gefühlen im Alltag zu wenig Beachtung. Wir weichen ihnen aus oder haben uns regelrecht von ihnen abgeschnitten, denn wir möchten unsere unangenehmen Gefühle möglichst nicht spüren und verdrängen sie in den hintersten Winkel unseres Unterbewusstseins. Der Grund dafür ist: Wir halten eine Aussage wie »Ich bin nicht liebenswert« für eine gesicherte Tatsache und nicht nur für einen Gedanken. Und das damit verbundene Gefühl ist so schmerzlich, dass wir glauben, es nicht ertragen zu können. Deshalb setzen wir uns lieber nicht weiter damit auseinander. Allerdings: Der Schein trügt, denn selbst wenn wir unsere Gefühle unterdrücken, beeinflussen sie uns dennoch unterschwellig.

Schlüpfen wir in die Rolle unseres inneren Beobachters, können wir das Gefühl von außen betrachten und gleichzeitig fühlen, ohne damit identifiziert zu sein. Dann sind wir nicht länger von unserem Schmerz vereinnahmt. Wir sind der Zuschauer und erkennen, dass wir nicht abgelehnt *sind*, sondern uns nur im Moment so *fühlen*. Gelingt es uns, uns aus der Identifikation mit unseren Gefühlen zu befreien, verlieren sie automatisch ihren Schrecken.

Unser Körper ist ein Spiegel

Unser Körper ist das Tor zu unserer Gefühlswelt. Denn: Jedes Gefühl hat ein Körperempfinden zur Folge. Alles, was wir erleben, spielt sich in unserem Körper ab. Er ist unser Erfahrungsraum. Sind wir zum Beispiel ängstlich, bricht uns vielleicht der Schweiß aus, und unser Herz fängt an zu klopfen. Überkommt uns Ärger, kann sich das in einer Anspannung im Kiefer oder im Bauch äußern.

Auch alte Gefühle, die wir nicht fühlen wollten und unterdrückt haben, merkt sich unser Körper übrigens und speichert sie in unseren Zellen ab wie in einem Gedächtnis. Dort frieren sie ein und können sich in verschiedenen körperlichen Symptomen zeigen. So lange, bis wir bereit sind, uns ihnen zuzuwenden. Dann können wir sie uns auch später noch ins Bewusstsein rufen und sie aus ihrer Erstarrung lösen.

Um uns unserer Gefühle bewusst zu werden, können wir also unseren Körper befragen. Ob ein Kloß im Hals, ein Ziehen in der Schulter oder ein Druck auf der Brust – diesen Empfindungen lässt sich ein entsprechendes Gefühl zuordnen. Dazu nehmen wir den Körperzustand nicht einfach nur mit unserem Verstand zur Kenntnis, sondern spüren tief in ihn hinein, um ihn ganzheitlich zu erleben. Vielleicht werden wir in dem Druck auf der Brust eine große Traurigkeit finden – ein Gefühl, das uns bis dahin völlig unbewusst war. Und das ist der entscheidende Punkt: Statt wie vorher unbewusst traurig zu sein, sehen wir das Gefühl jetzt durch die Augen des inneren Beobachters und sind uns unserer Traurigkeit bewusst. Und schon sind wir nicht mehr mit ihr identifiziert.

Unser Körper liefert unserem inneren Beobachter klare Hinweise auf unser Befinden und hilft uns so, die Identifikation mit unseren Gefühlen loszulassen. Dann verlieren wir uns nicht mehr so leicht in ihnen oder verwechseln sie mit einem Aspekt unseres Seins.

ÜBUNG

Den Körper spüren

Manchmal nehmen wir uns zu wenig Zeit, um unseren Körper zu spüren und auf seine Signale zu hören. Diese Körpermeditation gibt Ihnen die Gelegenheit, Ihre Wahrnehmung zu schulen. Die beste Voraussetzung, um unsere Gefühle wieder fühlen zu lernen (→ Seite 78).

- Planen Sie etwa 10 bis 15 Minuten ein. Setzen oder legen Sie sich bequem hin, und schließen Sie die Augen. Holen Sie Ihre Aufmerksamkeit in Ihren Körper. Spüren Sie Ihren Atem. Bemerken Sie, wie sich Ihre Bauchdecke bei jedem Atemzug hebt und senkt.
- Lenken Sie Ihre Aufmerksamkeit dann auf Ihre Sinneseindrücke: Nehmen Sie bewusst die Geräusche um sich herum wahr. Was riechen, schmecken und tasten Sie? Beobachten Sie innerlich alles, ohne es zu bewerten. Sollten Gedanken auftauchen, nehmen Sie sie einfach wahr. Versuchen Sie nicht, sie zu vertreiben. Wenn Sie abgedriftet sind, kehren Sie wieder zur Übung zurück.
- Wenden Sie sich jetzt Ihren Körperempfindungen zu. Lassen Sie Ihren Atem weiter fließen. Spüren Sie von Kopf bis Fuß der Reihe nach in jeden Körperteil hinein, und widmen Sie jedem Ihre volle Aufmerksamkeit. Welche Empfindungen nehmen Sie wahr? Wie

fühlen sich die Körperteile an? Sind sie angespannt oder entspannt, warm oder kalt, leicht oder schwer, wach oder müde? Spüren Sie vielleicht ein Ziehen, Kribbeln oder Zittern? Schmerz, Taubheit oder Druck? Erleben Sie jede Körperempfindung ganz bewusst, und benennen Sie sie.

- Richten Sie Ihre Aufmerksamkeit zum Schluss nacheinander noch einmal auf zwei Körperstellen, in denen Sie unterschiedliche Empfindungen wahrnehmen. Beenden Sie dann die Übung mit mehreren tiefen Atemzügen.

Bei dieser Körpermeditation üben Sie sich gleichzeitig darin, bei sich und Ihrer Wahrnehmung zu bleiben, ohne sich von äußeren Reizen wie Geräuschen ablenken zu lassen. Dann halten Sie sich auch mühelos auf Ihrem Beobachterposten, wenn starke Gefühle auf Sie einstürmen und Sie zu überwältigen drohen.

ÜBUNG

Gefühle wahrnehmen

Alles, was wir fühlen, zeigt sich im Körper. Er spiegelt uns unsere Gefühle deutlich wider. Um Gefühle, die uns unbewusst steuern, zu erkennen, brauchen wir unsere Aufmerksamkeit nur auf unser Körperempfinden zu richten.

- Nehmen Sie sich etwa 10 bis 15 Minuten Zeit. Setzen Sie sich bequem hin, und schließen Sie die Augen. Denken Sie an eine Situation, in der Sie wütend waren, und rufen Sie sie sich ins Gedächtnis. Erinnern Sie sich an alle wichtigen Details. Nehmen Sie die Szenerie mit allen Sinnen wahr, und lassen Sie das Erlebnis in Ihnen lebendig werden.
- Lenken Sie Ihre gesamte Aufmerksamkeit jetzt auf Ihren Körper. Welche Empfindungen nehmen Sie wahr? Und wo nehmen Sie sie wahr? Erleben Sie die Empfindungen ganz bewusst, und beschreiben Sie Ihr Körpergefühl möglichst genau. Vielleicht stellen Sie fest, dass der Gedanke an Wut Ihren Körper in Spannung versetzt oder Sie innerlich aufrichtet. Lassen Sie die Bilder und Empfindungen dann mit einigen tiefen Atemzügen wieder los.
- Jetzt erinnern Sie sich an eine Situation, in der Sie Angst hatten. Welche Empfindungen nehmen Sie jetzt wahr? Und wo können Sie sie spüren? Merken Sie möglicherweise, wie Ihr ganzer Körper innerlich

vibriert oder sich zusammenzieht? Oder wie es in Ihrem Kopf eng wird? Nehmen Sie einige tiefe Atemzüge, und lassen Sie alles wieder los.

- Rufen Sie sich jetzt ein freudiges Erlebnis in Erinnerung. Wie fühlt sich Freude an? Fühlen Sie sich leicht und beschwingt, hüpft Ihr Herz, oder sind Ihre Sinne hellwach? Um Ihr »Gefühls-Repertoire« zu erweitern, können Sie die Übung noch mit weiteren Gefühlen wie Trauer, Stress, Verzweiflung, Scham, Eifersucht oder Gleichgültigkeit machen.
- Beenden Sie die Übung mit mehreren tiefen Atemzügen, stehen Sie auf und schütteln Sie Ihren Körper leicht aus.

Jetzt wissen Sie, wie sich verschiedene Gefühle im Körper anfühlen. Umgekehrt wird es Ihnen später nicht schwerfallen, von einem Körperempfinden auf das entsprechende Gefühl zu schließen.

Den Gedanken eine Richtung geben

Je mehr Abstand wir von unserem falschen Selbstbild bekommen, desto eher verlieren unsere blockierenden Glaubenssätze und Überzeugungen ihre Wirkung auf uns. Unsere Gedanken und Gefühle können uns nicht mehr so leicht vereinnahmen. Allerdings werden sich unsere Denkmuster nicht von heute auf morgen wie auf Knopfdruck abstellen lassen.

Deshalb ist es sehr hilfreich, ein paar Tricks zu kennen, wie wir unseren Verstand »bändigen« können, um unseren Denkmustern nicht ständig nachzugeben oder ihnen aus reiner Gewohnheit zu verfallen – auch wenn willentliches Umdenken allein nicht funktioniert, weil im Hintergrund unsere Gefühle wirken, die wir nicht einfach außer Acht lassen können, allen voran Angst (→ Kapitel 4).

Die Stimmen in uns

In unserem Kopf schwirren verschiedenste Stimmen herum. Sie gehören inneren Anteilen von uns und spiegeln unsere Denkmuster wider. Anders gesagt: Innere Stimmen »sprechen aus«, was wir denken. Die Absichten dieser Anteile sind sehr gemischt. Sind uns diese Stimmen einmal bewusst, können wir frei entscheiden, ob wir ihnen Glauben schenken oder nicht. Und ob wir lieber der »fürsorglichen Person« oder dem »inneren Kritiker« folgen. Denn obwohl es nichts bringt, uns für unsere Gedanken zu verurteilen oder sie vertreiben zu wollen, ist es trotzdem sinnvoll, unsere Gedanken ein bisschen zu disziplinieren und zu lenken. So stoppen wir das negative Gedankenkarussell.

- Der »innere Kritiker« lässt oft kein gutes Haar an uns. Er hält uns unsere Fehler und Misserfolge vor und sorgt dafür, dass wir uns klein und dumm fühlen. »Das schaffst du nie!« ist eines seiner Mantren. Die gute Seite an ihm: Er will uns vor der Kritik anderer schützen und hilft uns, uns richtig einzuschätzen.
- Der »Schmeichler« lässt uns auch dann lächeln, wenn uns womöglich gar nicht danach zumute ist. Sein Ziel ist es, dass wir nirgendwo anecken.
- Der »innere Antreiber« feuert uns an: »Streng dich noch ein bisschen mehr an!« Er verlangt uns Perfektion ab und gönnt uns keine Ruhepause. Andererseits schöpfen wir aus ihm viel Motivation.

- Der »Beschützer« möchte, dass wir uns sicher fühlen und alles so bleibt, wie es ist. Leider kann uns das davon abhalten, uns zu verändern.
- Die »fürsorgliche Person« achtet darauf, dass es allen gut geht. Allerdings bleiben unsere eigenen Bedürfnisse leicht auf der Strecke, wenn wir versuchen, es anderen recht zu machen.
- Das »innere Kind« ist der verletzliche Teil in uns. Es ist liebebedürftig und sucht Schutz. Gleichzeitig sprüht es nur so vor Lebensfreude, Lebendigkeit und Kreativität.

Was wir nicht wollen

Am liebsten würden wir unsere negativen Vorstellungen und Befürchtungen, die uns unsere Denkmuster glauben machen, so schnell wie möglich loswerden. Doch so paradox das klingt: Je mehr wir uns gedanklich – ob bewusst oder unbewusst – damit beschäftigen, was wir nicht wollen, desto größer ist die Wahrscheinlichkeit, dass genau das eintrifft. Wir verhindern unsere Erwartungen auf diese Weise also nicht etwa. Im Gegenteil: Wir sind so auf sie fokussiert, dass wir indirekt an ihnen festhalten und andere Möglichkeiten völlig ausblenden. Gleichzeitig investieren wir sehr viel Energie hinein und befeuern sie damit regelrecht.

Das Beste ist, uns stattdessen auf etwas Positives auszurichten. Denn genauso, wie wir uns im Alltag mit unseren Überzeugungen negativ programmieren, können wir unsere Gedanken auch in eine Richtung steuern, die uns motiviert und unterstützt, anstatt uns kleinzumachen und zu sabotieren.

Zu träumen wagen

Dazu verlagern wir unseren Fokus ganz bewusst auf die Chancen, die uns offenstehen, und auf die Fähigkeiten, die in uns stecken. Wir erlauben es uns, eine Zukunftsvision zu entwickeln, die uns mit Freude erfüllt. Allerdings sollten wir unsere Wünsche dabei nicht zu hoch aufhängen. Sie sollten uns noch erreichbar erscheinen. Je konkreter wir diese Wünsche formulieren können, desto besser. Laura zum Beispiel sieht sich schon als Teilzeitkraft in einer PR-Agentur.

Den Verstand umpolen

Anschließend geht es darum, unser Denken neu zu programmieren. Der Trick dabei ist: Für unser Unterbewusstsein macht es keinen Unterschied, ob eine Situation tatsächlich eintritt oder ob wir sie uns nur vorstellen. Den Ausschlag gibt das emotionale Erleben. Haben wir einen konkreten Wunsch – wie im Fall von Laura einen neuen Job –, konzentrieren wir uns darauf, wie es sein wird, wenn sich dieser Wunsch erfüllt. Wir malen uns unsere Vision in den schillerndsten Farben aus. So lange, bis wir die Freude darüber spüren, auch körperlich. Dann speichert unser Unterbewusstsein den Glaubenssatz neu ab: »Du bist gut genug, du kannst das!« Und es merkt sich auch, wie glücklich wir uns dabei fühlen.

Das wiederum hat Auswirkungen auf unser Verhalten. Wir werden uns zum Beispiel mit viel mehr Elan in die Umsetzung unseres Wunsches stürzen. Und im richtigen Moment, etwa einem Vorstellungsgespräch, können wir auf diese positive Bestärkung zurückgreifen und sie nutzen. Dazu ist es sinnvoll, die Vision immer wieder gedanklich und emotional durchzuspielen. Auf diese Weise lassen sich negative Glaubenssätze also durch positive ersetzen. Auch Affirmationen (→ Seite 86) können uns helfen, unser Denken positiv auszurichten.

EINE INDIANISCHE WEISHEIT: DIE ZWEI WÖLFE

Ein alter Indianer saß mit seinem Enkel am Lagerfeuer. Die Nacht hatte sich über das Land gesenkt, und das Feuer krachte und knackte, während die Flammen hoch hinaus in den Himmel züngelten.
Eine Zeit lang starrten beide wortlos in das Feuer, bis der Kleine seinen Großvater aufforderte, ihm eine Geschichte zu erzählen.
Der weise Mann begann: »In deinem Leben wird dir vieles passieren. Doch wisse, dass alles, was dir widerfährt, aus deinem Herzen kommt.«
Er fuhr fort: »In deinem Herzen leben zwei Wölfe. Der eine ist der Wolf der Dunkelheit. Er ist rachsüchtig, aggressiv und ängstlich und bringt viel Leid und Schmerz. Der andere ist der Wolf des Lichts. Er ist liebevoll, sanft und mitfühlend, schenkt dir Mut und weist dir den richtigen Weg.«
Nach einer Weile des Schweigens fuhr der Großvater fort: »Beide Wölfe kämpfen oft miteinander. Sie umkreisen sich gegenseitig und fletschen die Zähne. Sie ruhen niemals.«
»Und«, fragte der Enkel ungeduldig, »welcher Wolf wird den Kampf gewinnen?«
Der Großvater lächelte und antwortete: »Der Wolf, den du fütterst.«

Mit Affirmationen die Gedanken positiv ausrichten

Die folgenden Affirmationen unterstützen Sie dabei, negative Gedankenschleifen zu unterbrechen und Ihren Verstand auf etwas Positives zu fokussieren.

Für mich ist jederzeit gut gesorgt. Bedeutung: Oft machen wir uns viel zu viele Sorgen. Sogar um Dinge, die wir gar nicht selbst in der Hand haben. Wir können uns sicher sein: Das Leben liebt uns und meint es gut mit uns. Vertrauen wir darauf.

Ich bin immer zur richtigen Zeit am richtigen Ort. Ich tue immer genau das Richtige. Bedeutung: Wie oft wünschen wir uns die Dinge anders. Oder haben Angst, das Falsche zu tun. Wenn wir aufhören, alles – auch uns selbst – ständig zu bewerten, ist alles perfekt. So, wie es ist.

Ich heiße Veränderungen willkommen. Bedeutung: Leben heißt Veränderung. Akzeptieren wir sie und geben uns dem Fluss des Lebens hin, öffnen wir uns für alles, was das Leben uns schenken möchte. Sagen wir »Ja« zum Leben!

Alles, was mir widerfährt, ist zu meinem Besten. Bedeutung: Wenn uns das auch nicht immer auf Anhieb einleuchten mag – betrachten wir das Leben als eine Schule, dann ist jede Erfahrung dazu da, um daran zu wachsen.

Jeder Augenblick meines Lebens ist ein Neuanfang. Bedeutung: Lassen wir uns ganz auf die Gegenwart ein, ist kein Moment wie der andere. Das Leben überrascht uns immer wieder aufs Neue. Und wir können uns in jedem Augenblick neu erfinden – und Begrenzungen hinter uns lassen.

Ich entscheide mich, frei zu sein. Bedeutung: Lassen wir Gedanken, die uns behindern, bewusst los. Dann öffnen wir unseren Blick für die unendliche Vielzahl an Möglichkeiten. Was bedeutet Freiheit für Sie? Finden Sie es heraus!

»Notfall«-Tipps bei hartnäckigen Glaubenssätzen

»Das kann ich nicht«, »Ich bin nicht gut genug«, »Ich bin es nicht wert«, »Bei Frauen bzw. Männern habe ich keine Chance« … Ihr Gedankenkarussell nimmt gerade volle Fahrt auf? Und nichts scheint es stoppen zu können? Manche unserer Glaubenssätze und Überzeugungen sind besonders hartnäckig und malträtieren uns regelrecht. Sie schüren zum Beispiel Ängste, verursachen nagende Selbstzweifel und Schuldvorwürfe oder geben uns das Gefühl, Opfer der äußeren Umstände zu sein. Der Gegenwind im eigenen Kopf kann uns völlig durcheinanderwirbeln und blockieren. Diese »Notfall«-Tipps helfen Ihnen aus Ihrer Denkblockade heraus.

REFLEXION

Daran erkennen Sie eine Denkblockade

Haben Sie eines der folgenden Symptome? Sobald Sie erkannt haben, dass Sie sich in einer Blockade befinden, können Sie sie beiseiteräumen.

- Sie haben den nötigen Abstand zu Ihrem Ego verloren und identifizieren sich mit Ihren Glaubenssätzen.
- Sie reagieren sehr impulsiv und emotional.
- Sie spulen ein automatisches Reaktionsmuster ab und rechtfertigen sich zum Beispiel, setzen andere ins Unrecht oder machen sich selbst Vorwürfe.
- Sie sehen nur noch schwarz und blenden alles Positive aus.

- Sie fühlen sich unruhig, gestresst, ängstlich, unfrei oder energielos.
- Sie sind sich selbst gegenüber sehr kritisch und abwertend.

Sagen Sie »stopp!«

Bei hartnäckigen Glaubenssätzen hilft es, mitten in die endlosen Gedankenschleifen »hineinzugrätschen« und laut und deutlich »stopp!« zu rufen, um ihnen auf diese Weise Einhalt zu gebieten. Wichtig ist es, dass Sie in diesem Moment innerlich fest dazu entschlossen sind, die Stimmen in Ihrem Kopf zu stoppen, und es wirklich ernst meinen. Lassen Sie sich nicht in Diskussionen mit Ihrem Ego verwickeln. Wenn es Ihnen entgegnet: »Ja, schon … aber du wirst trotzdem versagen«, sagen Sie einfach noch einmal energisch: »Stopp!« – »Na gut, aber ich weiß einfach, dass du versagen wirst.« – »Stopp!« Stellen Sie sich vor, dass Sie Ihr Ego wie einen kleinen Hund erziehen.

Noch mehr Tipps gegen Denkblockaden

Wechseln Sie die Szene. Statt sich weiter in die Blockade hineinzusteigern, lenken Sie sich ab, und tun Sie etwas, das Sie auf andere Gedanken bringt.

Etwas, das Ihnen richtig guttut. Setzen Sie sich in ein Café und lesen die Zeitung. Gönnen Sie sich ein heißes Bad. Oder werden Sie kreativ und basteln, malen, singen oder musizieren Sie. Sie werden sehen – das heitert Ihre Stimmung ganz schnell auf.

Kommen Sie wieder in Fluss. Bewegung wirkt Wunder. Machen Sie einen kleinen Spaziergang, oder tanzen Sie für sich in der Wohnung zu Ihrer Lieblingsmusik. Bewegung kurbelt nicht nur den Kreislauf an, sondern bringt auch festgefahrene Gedanken in Schwung. Die blockierenden Denkmuster lösen sich, fließen einfach weiter und ziehen vorbei. Jetzt ist es Ihnen wieder möglich, einen Schritt zurückzutreten und sich von Ihrem Ego zu distanzieren.

Verbinden Sie sich mit der Natur. Ob Sie durch den Stadtpark laufen oder ein Stück raus aufs Land fahren – ein Spaziergang in der Natur bringt uns wieder zu uns selbst und lüftet den Kopf richtig durch. Setzen Sie ganz langsam einen Fuß vor den anderen, und spüren Sie den Kontakt Ihrer Füße zum Boden – das erdet. Nehmen Sie die Schönheit um sich herum bewusst wahr – mit allen Sinnen. Was sehen und hören Sie? Welche Gerüche liegen in der Luft?

Lassen Sie sich aufmuntern. Rufen Sie eine liebe Freundin oder einen lieben Freund an. Jemanden, der Sie gut kennt und Sie wieder aufmuntern kann. Nicht jemanden, der Sie womöglich bemitleidet und in Ihren Ängsten oder Sorgen noch bestärkt. Bitten Sie sie oder ihn, Ihnen zu sagen, was Ihre besonderen Fähigkeiten sind oder was Sie besonders liebenswert macht. Erlauben Sie sich, diese Anerkennung wirklich anzunehmen. Das ist wie Balsam für die Seele.

Relax – nehmen Sie sich eine kleine Auszeit, um sich zu entspannen. Wenn wir uns entspannen, hilft das auch unserem Geist, sich zu zentrieren und zur Ruhe zu kommen. Machen Sie es sich also zum Beispiel auf dem Sofa gemütlich, und lesen Sie ein gutes Buch, hören Sie Ihre Lieblingsmusik oder machen Sie eine Runde autogenes Training. Sie werden merken: Anschließend fühlen Sie sich frisch und ausgeruht.

Geben Sie sich alltäglichen Tätigkeiten voll und ganz hin. Schalten Sie einen Gang runter, und nehmen Sie zum Beispiel beim Zähneputzen oder SMS-Schreiben ganz bewusst jeden Handgriff wahr. Richten Sie Ihre ganze Aufmerksamkeit auf das, was Sie gerade tun. Es ist eine Wohltat für Körper, Geist und Seele, eine Sache mit völliger Hingabe auszuführen.

Halten Sie Ihren Verstand auf Trab. Drehen Sie den Spieß einmal um! Sagen Sie Ihrem Geist zur Abwechslung, wo es langgeht: Beschäftigen Sie ihn, und geben Sie ihm »Futter«, damit er ausgelastet ist. Bieten Sie ihm also irgendeine intellektuelle Herausforderung – und sei es auch nur, eine Einkaufsliste zu schreiben.

Machen Sie eine Atemmeditation. Meditation ist eine gängige Methode, um die Gedanken zu beruhigen. Wie wär's mit einer Atemmeditation? Stellen Sie sich dazu bequem und locker hin. Atmen Sie tief und entspannt in den Bauch. Lassen Sie sich in Ihren Atem hineinsinken. Folgen Sie dem Atem mit Ihrem Körper, und lassen Sie daraus allmählich weiche, fließende Bewegungen entstehen. Spüren Sie, wie der Atem jede Körperzelle durchströmt und Sie innerlich und äußerlich bewegt.

ÜBUNG

Loslass-Atem-Übung

- Setzen Sie sich aufrecht hin, und schließen Sie die Augen. Atmen Sie langsam und tief durch die Nase ein und durch den leicht geöffneten Mund wieder aus.
- Stellen Sie sich vor, wie Sie bei jedem Ausatmen Anspannung, Sorgen und Stress einfach loslassen. Machen Sie die Übung so lange, bis Ihr Körper und Ihr Geist zur Ruhe kommen.

4

Negative Denk- und Verhaltensmuster auflösen

Was uns innerlich antreibt

Viele unserer blockierenden Glaubenssätze und Überzeugungen erlernen wir – wie wir in Kapitel 1 gesehen haben – durch unsere eigenen, mitunter sehr schmerzlichen Erfahrungen. Alltägliche Situationen, die uns an unsere Kindheit erinnern, können uns bis auf den heutigen Tag jederzeit »antriggern« und unsere bekannten Reaktionsmuster in Gang setzen.

Wenn wir diesen Lernprozess noch besser verstehen, wird auch klar, wie wir uns von unseren Denk- und Verhaltensmustern lösen können. Beleuchten wir diese Dynamik also noch einmal etwas genauer.

Direkte und indirekte Botschaften

Als Kinder bringen wir unsere Gefühle, Bedürfnisse und Impulse ganz offen, frei und unbefangen zum Ausdruck. Dabei haben wir es vielleicht immer wieder erlebt, dass wir uns von unseren Eltern nicht gesehen, verstanden oder unterstützt fühlten. Oder unsere Eltern haben mit Ärger, Ungeduld oder Enttäuschung reagiert. Mit ihrem Verhalten haben sie uns direkt oder indirekt Botschaften gesendet. Die Schlüsse, die wir daraus gezogen haben, werden schließlich zu unseren eigenen Überzeugungen, mit denen wir uns identifizieren, zum Beispiel »Ich bin hier nicht willkommen«, »Ich bin unfähig« oder »Ich darf nicht so sein, wie ich bin«. Als Folge davon geben wir als Kind unsere Wünsche und Bedürfnisse auf und schneiden uns von den damit verbundenen Gefühlen ab.

Unsere größte Angst

Der Grund dafür ist, dass wir als Kinder in jeder Hinsicht von unseren Eltern abhängig sind: Wir sind zum einen darauf angewiesen, dass sie uns körperlich versorgen. Zum anderen brauchen wir ihre emotionale Zuwendung. Sonst könnten wir nicht überleben. Unsere größte Angst ist es, das enge Band zwischen uns und unseren Eltern könnte Risse bekommen. Wir befürchten im schlimmsten Fall sogar, die Beziehung zu ihnen ganz zu verlieren und verstoßen, ignoriert, zurückgewiesen oder fallen gelassen zu werden. Deshalb tun wir alles – wirklich alles – dafür, um diese existenzielle Bindung aufrechtzuerhalten.

Der innere Konflikt

Dabei geraten wir allerdings in einen unlösbaren inneren Konflikt: Auf der einen Seite stehen unsere eigenen Bedürfnisse. Auf der anderen Seite stehen die Erwartungen von außen, denen wir uns verpflichtet fühlen. Entscheiden wir uns für uns selbst, riskieren wir es, die Bindungsbeziehung aufs Spiel zu setzen. Geben wir der Beziehung zu unseren Eltern den Vorrang, verleugnen wir uns selbst und werden uns untreu. Wie wir das Ganze auch drehen und wenden – es gibt keine gute Lösung. Diese Zerrissenheit ist aus tiefenpsychologischer Sicht die Hauptursache für psychische und psychosomatische Symptome.

Ein innerer Konflikt kann etwa entstehen, wenn unsere Eltern uns nicht genug Geborgenheit und Nähe schenken. Dann wünschen wir uns zwar Kontakt, meiden ihn aber aus Angst davor, abgelehnt zu werden, und neigen – wie Charlotte (→ Seite 52) – eher zum Rückzug. Sind unsere Eltern ständig ängstlich um uns besorgt, können wir unser Bedürfnis nach Autonomie und Selbstständigkeit nicht entfalten. Wir streben innerlich nach Unabhängigkeit, passen uns unseren Eltern zuliebe aber – wie Moritz (→ Seite 53) – eher an und erfüllen ihre Erwartungen.

Unsere gewohnten Verhaltensweisen sind letztlich also Überlebensstrategien, die wir entwickelt haben, um den äußeren Bedingungen gerecht zu werden und uns gleichzeitig vor wiederholten Verletzungen und unliebsamen Erfahrungen zu schützen. Denn im Zweifelsfall werden wir uns als Kinder immer für die Beziehung zu unseren Eltern entscheiden. In letzter Konsequenz bedeutet das, dass wir uns zum Beispiel selbst nicht annehmen, unsere vermeintliche Wertlosigkeit und Unfähigkeit akzeptieren oder gegen uns selbst kämpfen – nur, um die Bindungsbeziehung unbewusst nicht zu gefährden.

Der Weg der Heilung

Genau das ist der springende Punkt: Wir halten – selbst heute als Erwachsene – immer noch an der Bindungsbeziehung zu unseren Eltern fest. Unsere Angst, diese Beziehung zu verlieren, ist immer noch so groß, dass wir in den gewohnten Mustern verharren.

Sich der Angst stellen

Wenn wir uns von unseren negativen Glaubenssätzen und Strategien lösen möchten, kommen wir nicht umhin, uns dieser kindlichen Angst zu stellen. Dieser Angst begegnen wir ganz automatisch, sobald wir uns näher mit unseren Identifikationen beschäftigen und erkunden, auf welchen Erfahrungen sie beruhen – wir also den Weg zurückgehen, auf dem unsere Denk- und Verhaltensmuster entstanden sind.

Dabei stoßen wir unweigerlich auf unsere Bedürfnisse und die damit verbundenen Gefühle, die wir bisher unterdrückt oder uns verboten haben. Und auch der innere Konflikt, dem wir als Kind ausgesetzt waren, wird uns jetzt in seiner ganzen Tragweite bewusst.

Genau in diesem Moment sind wir wieder mit unserer alten Verlustangst konfrontiert. Auch wenn sich diese Angst so anfühlen kann, als ginge es um Leben und Tod – im Gegensatz zu früher sind wir als Erwachsene nicht mehr von unseren Eltern oder Bezugspersonen abhängig. Deshalb sind wir dazu in der Lage, mit den auftauchenden Gefühlen von Trennung und Einsamkeit umzugehen und sie auszuhalten. Im Hier und Jetzt können wir mithilfe unseres Körperempfindens überprüfen, ob wir diese Gefühle heute wirklich noch als so bedrohlich erleben wie als Kind. In der Regel werden wir feststellen, dass das nicht so ist. Unser innerer Beobachter steht uns dabei zur Seite und unterstützt uns, unsere Gefühle zu spüren, ohne uns von ihnen überwältigen zu lassen – seien sie auch noch so schmerzlich.

Wer bin ich?

Sobald wir unsere kindliche Angst, die Bindungsbeziehung zu verlieren, mitfühlend annehmen, haben unsere alten Schutzmechanismen ausgedient. Jetzt können wir uns frei für unsere eigenen Bedürfnisse entscheiden. Unsere Glaubenssätze und Überlebensstrategien können sich lockern und büßen schließlich ihre Wirkung auf uns ein.

Vielleicht werden wir diese neue Freiheit zuerst als beunruhigenden Leerraum empfinden und uns die Frage stellen: Wer bin ich noch, wenn ich nicht mehr nett, angepasst oder immer hilfsbereit bin? Gleichzeitig ist dieser Zustand ein Zeichen dafür, dass wir uns verändern und weiterentwickeln.

ÜBUNG

Wie stehen Sie zu Ihren Bedürfnissen? Wissen Sie, was Ihnen guttut und was nicht? Oder lehnen Sie Ihre Bedürfnisse insgeheim ab? Dann lohnt es sich herauszufinden, welche Glaubenssätze Sie steuern. Wie fühlt es sich an, wenn Sie sich erlauben, sich Ihr Bedürfnis nach Nähe, Anerkennung oder Autonomie zuzugestehen?

Unser innerer Kompass

In diesem Heilungsprozess spielen – wie wir gesehen haben – unsere Bedürfnisse eine Schlüsselrolle. Sie sind nicht etwa reiner Luxus. Bedürfnisse sind ein lebenswichtiger Teil unserer menschlichen Natur. Wir brauchen Sicherheit, Kontakt, Anerkennung, Unabhängigkeit, Unterstützung, Verständnis oder Liebe so dringend wie die Luft zum Atmen.

Dabei ist es die Aufgabe unserer Gefühle, uns unsere Bedürfnisse zu kommunizieren. Angenehme Gefühle signalisieren uns, dass unsere Bedürfnisse erfüllt sind. Wut, Angst oder Traurigkeit weisen zum Beispiel darauf hin, dass uns etwas fehlt. Bedürfnisse und Gefühle sind also unser innerer Kompass, an dem wir uns orientieren können und der dafür sorgt, dass wir ein freies, selbstbestimmtes und glückliches Leben führen.

Fühlen ist nicht gleich fühlen

Umso wichtiger ist es deshalb, unsere Gefühle differenzieren zu können und echte Gefühle von Pseudo-Gefühlen unterscheiden zu lernen. Echte Gefühle wie »Ich bin traurig« kommen und gehen in Wellen. Sie zu spüren, kann uns tief im Inneren berühren. Und selbst wenn wir an sehr schmerzliche Punkte gelangen, fühlen wir uns nachher leichter, gelöster und lebendiger.

Pseudo-Gefühle dagegen sind oft getarnte Interpretationen und Bewertungen wie »Ich habe das Gefühl, dass du mich nicht liebst« oder »Ich fühle mich von dir übergangen«. Sie sind Ausdruck unserer Konzepte und Vorstellungen, nicht unserer echten Gefühle. Das Fühlen macht uns nicht freier, vielmehr geht es uns damit meist schlechter. In diesem Fall gilt es, die Interpretationen und Bewertungen als solche zu erkennen und die echten Gefühle dahinter zu entdecken.

Was Gefühle möchten

Gefühle sind eine Form von Energie und möchten frei fließen. Manchmal lassen wir uns allerdings einfach von ihnen fortreißen – vor allem, wenn wir stark mit ihnen identifiziert sind. Und ist unser innerer Beobachter mal nicht auf seinem Posten, kann es schnell passieren, dass wir in die Rolle des hilflosen und verzweifelten Kindes zurückfallen, das wir einmal waren – schlicht, weil uns das vertraut ist. Urplötzlich finden wir uns in unserer alten Geschichte wieder. Dann wird aus Wut ohnmächtige Wut, aus Traurigkeit trostlose Traurigkeit und aus Schmerz quälender Schmerz. Ehe wir es uns versehen, stecken wir in einem tiefen Sumpf aus destruktiven Gefühlen und betrachten uns als bedauernswerte Opfer der Umstände.

Umgekehrt blockieren wir unsere Gefühle auch oft, weil wir befürchten, sie nicht ertragen zu können. In beiden Fällen hilft es – wie schon beschrieben (→ ab Seite 72) –, unsere Gefühle aus der Perspektive des inneren Beobachters wahrzunehmen, ohne sie zu bewerten und zu interpretieren, und sie gleichzeitig im Körper zu spüren. Das bringt uns wieder ins Hier und Jetzt.

Die positive Kraft der Gefühle

Dieses ganzheitliche Gewahrsein ermöglicht es uns, wirklich mit unseren Gefühlen in Kontakt zu kommen. Und zwar in Reinform, ohne dass die Gefühle von unseren Identifikationen und Glaubenssätzen überlagert und getrübt sind. Dann verstehen wir auch ihre Botschaften, und es erschließt sich uns die ihnen innewohnende positive Kraft, die uns vorher nicht zugänglich war.

Wut steigt zum Beispiel in uns auf, wenn jemand unsere Grenzen verletzt oder unser Ja bzw. Nein nicht respektiert. Können wir echte Wut in uns halten, wachsen in uns Kraft, Mut, Präsenz, Eigenständigkeit und Entscheidungsfreude.

Hass kann darauf hindeuten, dass wir betrogen, benutzt, in irgendeiner Weise missbraucht oder absichtlich schlecht behandelt werden. Hass bringt Klarheit und Wahrhaftigkeit mit sich – und, wenn nötig, auch die Bereitschaft, sich von etwas zu trennen, das uns schadet.

Angst ist etwa ein Signal dafür, dass wir etwas Unbekanntem begegnen und nicht wissen, was uns erwartet. Echte Angst will uns schützen, lässt uns aber zum Beispiel auch Grenzen überschreiten und uns über uns selbst hinauswachsen, wenn wir sie zulassen, ohne uns darin zu verlieren.

Trauer empfinden wir, wenn wir einen Verlust erleiden oder uns von etwas trennen müssen. Trauer hilft uns, loszulassen und das anzunehmen, was ist. Außerdem öffnet sie das Herz, macht uns weich und weckt unser Mitgefühl.

Alte Schutzmechanismen endgültig loslassen

Setzen wir die einzelnen Bausteine, mit denen wir uns bisher beschäftigt haben, wie ein Puzzle zusammen, wird daraus eine konkrete Vorgehensweise. Jetzt haben Sie alle Instrumente an der Hand, um Ihre negativen Glaubenssätze und Überlebensstrategien aufzulösen.

Denk- und Verhaltensmuster auflösen Schritt für Schritt

1. *Wählen Sie ein Thema aus:* Vielleicht sind Sie bereits dem ein oder anderen Glaubenssatz auf die Spur gekommen, der Ihre Gedanken häufig besetzt. Oder Sie befinden sich gerade in einer

schwierigen Situation, die Sie belastet. Manche Menschen triggern immer wieder heftige Gefühle in Ihnen, die Sie sich nicht erklären können. Oder Sie wiederholen in bestimmten Situationen ein altbekanntes negatives Verhalten. Sei es ein Glaubenssatz, ein Gefühl, ein Verhalten oder eine Situation – alle diese Themen können der Ausgangspunkt für diese Übung sein.

2. *Erkunden Sie Ihr Thema offen und neugierig:* Ob Sie einem Denkmuster oder einer Verhaltensstrategie auf den Grund gehen möchten – seien Sie einfach neugierig, und erlauben Sie allem, was auftaucht, da zu sein. Das können Gedanken, Gefühle, Körperempfindungen, Szenen oder Impulse sein. Lassen Sie sich auf sich selbst ein. Dabei hilft Ihnen Ihr innerer Beobachter, Ihre Gedanken und Gefühle wahrzunehmen und Ihr Erleben gleichzeitig im Körper zu spüren, ohne sich damit zu identifizieren oder darin zu verstricken. Dieses ganzheitliche Gewahrsein vergrößert den Abstand zwischen Ihnen und Ihren Identifikationen und bringt Sie automatisch näher in Kontakt zu sich selbst. Dass wir uns unserem Thema zuwenden, signalisiert dem Gehirn außerdem,

dass uns akut keine Gefahr droht. Sonst würden wir das ja nicht tun. Daraufhin entspannen wir uns und können unser Thema noch leichter weiter erforschen.

3. *Finden Sie den inneren Konflikt heraus:*
Im Laufe dieses Prozesses stoßen Sie früher oder später auch auf den inneren Konflikt, also die Hauptursache für Ihre Glaubenssätze und Reaktionsmuster. Sie können jetzt erkennen, auf welchen alten Erfahrungen Ihre Muster beruhen und in welcher inneren Zerrissenheit und Not Sie sich als Kind befunden haben. Das tiefere Verständnis dieser Dynamik führt dazu, dass Sie sich selbst besser annehmen können und mehr Mitgefühl für sich entwickeln.

4. *Machen Sie sich Ihre Bedürfnisse bewusst:*
Jetzt wird Ihnen auch klar, welche Bedürfnisse Sie als Kind schmerzlich vermisst und Ihren Eltern zuliebe unterdrückt haben. Sei es das Bedürfnis nach Nähe, Vertrauen, Unterstützung, Autonomie oder Liebe – erlauben Sie sich, sich diese Bedürfnisse zuzugestehen. Sie sind Ihr innerer Kompass und der Schlüssel für ein erfülltes Leben. In der Folge tauchen auch die damit verbundenen heftigen Gefühle seltener auf.

5. *Stellen Sie sich Ihrer Verlustangst:* An diesem Punkt begegnen Sie zwangsläufig auch Ihrer kindlichen Angst, die Bindungsbeziehung zu Ihren Eltern zu verlieren. Sobald Sie sich dieser Angst mitfühlend zuwenden, nehmen Sie Ihre verdrängten Gefühle und Bedürfnisse wieder zu sich. Sie warten nicht länger darauf, dass Ihre Eltern Sie bedingungslos annehmen und lieben. Tatsächlich müssen wir uns als Erwachsene von der Sehnsucht verabschieden, dass uns jemand – ob Partner, Vorgesetzte oder Freunde – rundum versorgt oder rettet. Den Schmerz darüber zuzulassen ist für unser Wachstum unabdingbar. Es geht darum, uns selbst liebevoll anzunehmen und einen sicheren Boden in uns zu finden.

Der natürliche Fluss des Atems unterstützt Sie dabei, Ihre Gefühle und Körperempfindungen wahrzunehmen und zu spüren. Halten Sie den Atem dagegen an, stocken auch Ihre Gefühle. Versuchen Sie deshalb, Ihren Atem frei fließen zu lassen, während Sie Ihre Aufmerksamkeit auf sich und Ihre Gefühle lenken. Dann können Sie auch die Botschaften Ihrer Gefühle empfangen.

6. *Verankern Sie die positive Veränderung:* In diesem tiefen Prozess kommen Sie sich selbst ein großes Stück näher, begreifen größere Zusammenhänge und erlangen neue Erkenntnisse. Im Anschluss daran werden Sie sich erleichtert, berührt, gelöst oder auch freudig fühlen. Indem Sie sich diese positive Veränderung bewusst machen und im Körper spüren, verankern Sie die neue Erfahrung in Ihrem Gehirn.

7. *Kehren Sie zum Ausgangspunkt zurück:* Zuletzt werfen Sie noch einmal einen Blick auf Ihren Ausgangspunkt und nehmen wahr, wie Sie das Geschehen jetzt einordnen.

Um ein Thema näher zu erforschen, wiederholen Sie die Übung auf der nächsten Seite am besten bei Bedarf. Sie werden merken, dass Sie sich mehr und mehr von Ihren alten Denk- und Verhaltensmustern verabschieden und es Ihnen immer leichter fällt, sich für Alternativen zu entscheiden.

ÜBUNG

Ziehen Sie sich für diese Übung an einen ruhigen Platz zurück, an dem Sie nicht gestört werden, und machen Sie es sich gemütlich. Nehmen Sie sich etwa 20 bis 30 Minuten Zeit.

1. Wählen Sie ein Thema aus

- Entscheiden Sie sich zuerst für ein Thema, das Sie sich gerne anschauen möchten. Wählen Sie also einen Glaubenssatz aus, der spontan auftaucht, eine problematische Situation, ein Gefühl oder ein Verhalten, das Sie aktuell beschäftigt.
- Versuchen Sie dabei, den Kern Ihres Themas möglichst genau zu erfassen, und klären Sie, was Ihr Anliegen ist. Ihr Anliegen ist der rote Faden für den gesamten Prozess. Formulieren Sie dieses Anliegen möglichst ohne ein klares Ziel vorzugeben. Möchten Sie vielleicht herausfinden, was es mit einem bestimmten Muster oder einem Gefühl auf sich hat? Oder fragen Sie sich, was Ihnen dabei im Weg steht, beruflich erfolgreich zu sein oder sich Neues zuzutrauen?

2. Erkunden Sie Ihr Thema offen und neugierig

- Schlüpfen Sie in die Rolle Ihres inneren Beobachters: Nehmen Sie wahr, was in Ihnen vorgeht, und seien Sie gleichzeitig ganz im Körper präsent.

- Stellen Sie zu Beginn eine Frage, die den Raum für Ihren Prozess öffnet, zum Beispiel: Was taucht auf, wenn Sie sich Ihr Thema vergegenwärtigen?
- Spüren und horchen Sie in sich hinein, und folgen Sie dem, was sich zeigt. Seien es Gedanken, Gefühle, Körperempfindungen oder innere Bilder – finden Sie heraus, wie diese Aspekte zusammenhängen und in welcher Wechselwirkung sie zueinander stehen. So erschließt sich Ihnen allmählich Ihr Innenleben.
  Zum Beispiel: Wenn dieser Gedanke auftaucht – welches Gefühl löst er in mir aus? Wenn das Gefühl oder Körperempfinden eine Stimme hätte – was würde es sagen? Und was passiert wiederum, wenn mir diese Botschaft bewusst wird? Oder: Wenn ich die Wut spüre, was denke ich dann? Möglicherweise verbieten Sie sich das Gefühl und erkennen, wie sehr Sie damit identifiziert sind, immer lieb und nett zu sein. Vielleicht erinnern Sie sich auch plötzlich an eine Situation aus Ihrer Kindheit. Wie haben Sie sich damals gefühlt? Welcher Glaubenssatz taucht auf? Und weiter: Wozu ist diese Überzeugung gut? Die Antwort offenbart Ihnen eine Ihrer Überlebensstrategien. Jetzt sind Sie Ihrem inneren Konflikt schon sehr nahe.
- Sollten während des Prozesses starke Gefühle in Ihnen aufwallen, nehmen Sie den Kontakt Ihrer Füße zum Boden wahr. Das erdet und bringt Sie wieder in den Körper. Außerdem vermitteln Sie Ihrem Gehirn, dass Sie in Sicherheit sind.

3. Finden Sie den inneren Konflikt heraus

- Von Ihren Glaubenssätzen und Verhaltensstrategien können Sie jetzt auf den inneren Konflikt schließen. Gibt es Situationen, in denen Sie sich innerlich zerrissen fühlen und keinen Ausweg sehen? Oder bemerken Sie in Ihrem Verhalten einen Widerspruch? Dann haben Sie den inneren Konflikt gefunden. Zum Beispiel: Vielleicht sind Sie davon überzeugt, immer zu kurz zu kommen. Gleichzeitig machen Sie sich aber unentbehrlich und missachten dabei Ihre eigenen Bedürfnisse. Oder Sie fühlen sich nicht genug von anderen gesehen, spielen aber nach außen eine Rolle, um dafür Anerkennung zu bekommen.

4. Machen Sie sich Ihre Bedürfnisse bewusst

- Welches Bedürfnis haben Sie bisher verdrängt und sich nicht zugestanden? Vielleicht ist es das Bedürfnis nach emotionaler Zuwendung, Aufmerksamkeit, Unterstützung oder Geborgenheit.
- Was es auch sei – wenden Sie sich Ihrem Bedürfnis zu. Erlauben Sie sich, es zu fühlen und sich jetzt als Erwachsene bzw. Erwachsener neu dafür zu entscheiden. Vielleicht nehmen Sie plötzlich eine leise Freude darüber in sich wahr.

5. Stellen Sie sich Ihrer Verlustangst

- Wenn Angst auftaucht, richten Sie Ihre Aufmerksamkeit auf Ihren Körper. Nehmen Sie die Angst mitfühlend wahr, und lassen Sie sich von Ihrer eigenen Geschichte berühren. Ist es zum Beispiel die Angst vor Zurückweisung, Abwertung, Beschämung, nicht dazuzugehören, allein dazustehen oder fallen gelassen zu werden? Letztlich steckt dahinter immer unsere kindliche Angst, die Bindungsbeziehung zu verlieren.

- Vergegenwärtigen Sie sich, dass es hier und jetzt nichts zu befürchten gibt und Sie die Angst als Erwachsene bzw. Erwachsener aushalten können.

6. Verankern Sie die positive Veränderung

- Wie fühlen Sie sich jetzt am Ende Ihrer Forschungsreise? Vielleicht atmen Sie einmal tief durch und sind erleichtert. Oder Sie spüren eine Berührung im Herzen. Vielleicht fühlen Sie sich auch gut im Kontakt mit sich selbst oder bemerken, dass Ihre Haltung aufrechter ist. Machen Sie sich bewusst, wo Sie dieses Gefühl im Körper wahrnehmen und wie es sich anfühlt. Auf diese Weise verankern Sie die positive Veränderung auch im Gehirn.

7. Kehren Sie zum Ausgangspunkt zurück

- Werfen Sie zum Schluss noch einmal einen Blick auf Ihren Ausgangspunkt. Wie nehmen Sie das Geschehen jetzt wahr? Was taucht in Ihnen auf? Hat sich Ihr Anliegen vielleicht ein Stück weit geklärt?

Mithilfe dieser Übung wird es Ihnen im Laufe der Zeit immer besser gelingen, sich von Ihrer Verlustangst zu lösen, die der Motor für Ihre Denk- und Verhaltensmuster ist. So entziehen Sie Ihren bremsenden Glaubenssätzen und

Strategien den Boden und können sich endlich davon befreien. Manchmal kann uns ein Thema allerdings auch überfordern, und wir kommen allein nicht weiter. Dann kann es ratsam sein, sich therapeutische Hilfe zu suchen.

Drei Fallbeispiele

Die Fallbeispiele von Charlotte, Laura und Moritz veranschaulichen, wie Sie Ihre innere Dynamik erforschen können und wie Ihre Denk- und Verhaltensmuster dadurch an Kraft verlieren.

Auf Partnersuche: Charlotte hat keinen festen Partner, sondern immer nur mehr oder weniger kurze Affären. Sobald es ernst wird, zieht sie sich zurück. Sie kann sich dieses Verhalten nicht erklären und möchte herausfinden, was ihr dabei im Weg steht, eine dauerhafte Partnerschaft zu führen.
Als Charlotte in sich hineinspürt, nimmt sie eine Traurigkeit wahr. Oft fühlt sie sich auch sehr einsam. Sie erinnert sich, dass sie schon als Kind viel allein gespielt hat. Sie hat zwei ältere Geschwister und hatte immer das Gefühl, dass ihre Mutter völlig überfordert ist, sich nicht wirklich für sie interessiert und sie letztlich als Last empfindet. Plötzlich versteht sie, dass sie daraus geschlossen hat, es nicht wert zu sein, geliebt zu werden. Kein Wunder, dass sie sich nicht auf eine enge Beziehung einlassen kann. Diese Erkenntnis berührt Charlotte zutiefst und macht sie sehr traurig.

Im Laufe des Prozesses wird ihr bewusst, dass sie sich selbst – zu ihrem eigenen Schutz – von anderen Menschen abschneidet. Auch von sich selbst. Das ist ihre Überlebensstrategie, mit der sie sich zugleich immer wieder selbst bestätigt hat, nicht liebenswert und ausgegrenzt zu sein.
Einerseits sehnt sich Charlotte zwar nach Nähe und Vertrautheit, andererseits hat sie extreme Angst vor Zurückweisung. Ihr innerer Konflikt führt ihr ihre kindliche Angst, die Bindungsbeziehung zu verlieren, deutlich vor Augen. Charlotte wendet sich ihrer Verlustangst und ihrem Bedürfnis nach Nähe daraufhin liebevoll zu und lässt beides da sein. Sie macht sich klar, dass das im Moment nicht gefährlich ist. Im Anschluss fühlt sich Charlotte viel entspannter und gelöster und sieht ihrem Wunsch nach einer festen Partnerschaft schon hoffnungsvoller entgegen.

Die Angst zu enttäuschen: Moritz' bester Freund hat ihn zu seiner Geburtstagsparty eingeladen. Moritz hat an diesem Tag aber schon eine andere Verpflichtung und muss leider absagen. Das fällt ihm schwer, und er schiebt die Absage schon seit Tagen vor sich her. Sein Anliegen ist es zu klären, was ihm dabei im Weg steht, seinem Freund abzusagen.
Bei dem Gedanken daran gerät Moritz regelrecht in Stress und bekommt Herzklopfen. Ihm wird klar, dass er seinen Freund nicht enttäuschen möchte und Angst hat, ihn zu verlieren. Moritz macht sich bewusst, dass ihm aus der Perspektive des Erwachsenen im Moment keine Gefahr droht, und geht der Verlustangst weiter nach.

Ihm fällt ein, dass er als Kind seine eigenen Interessen oft zurückgestellt hat, weil sich seine Mutter immer solche Sorgen um ihn gemacht hat. Ihre Botschaft war: »Du bist schuld, wenn es mir schlecht geht.« Aus diesem inneren Konflikt heraus hat Moritz für sich die Konsequenz gezogen, dass er es anderen immer recht machen muss, um gemocht zu werden. Er hat seinen Wunsch nach Eigenständigkeit verdrängt, um seine Mutter zu schützen. Mit dieser Überlebensstrategie bleiben seine eigenen Bedürfnisse allerdings oft auf der Strecke.
Moritz nimmt wahr, wie eine große Wut auf seine Mutter in ihm auftaucht. Die Wut sagt: »Damit ist jetzt Schluss!« Dieser Satz richtet ihn innerlich auf, und er fühlt sich gestärkt und kraftvoll. Gleichzeitig wächst in ihm eine Entschlossenheit, seine eigenen Bedürfnisse in Zukunft nicht mehr immer denen der anderen unterzuordnen.

Die Macht der Selbstzweifel: Laura arbeitet seit Neuestem in Teilzeit in einer PR-Agentur. Da eine Kollegin von ihr erkrankt ist, soll sie stattdessen ein PR-Konzept für einen neuen wichtigen Kunden entwickeln. Innerlich steht sie jetzt unter großem Druck und möchte erforschen, was es mit diesem Gefühl auf sich hat.
Laura nimmt ein mulmiges Gefühl in der Magengegend wahr und fragt, was es ihr sagen möchte. Die Antwort ist: »Das schaffst du nie.« Diese Aussage trifft Laura sehr, und sie versteht, dass sie sich dieses Projekt eigentlich nicht zutraut und Angst hat, auf ganzer Linie zu versagen. Sie möchte wissen, wo diese Angst herkommt, und erinnert sich, dass ihre Eltern ihr eigentlich nie etwas zuge-

traut haben. Sie konnte es ihnen nie recht machen, nur mit ihren schulischen Leistungen waren sie zufrieden. Laura ist deshalb davon überzeugt: »Ich bin nicht gut genug.« Ihr wird bewusst, dass sie sich auch sonst gerne vor neuen Aufgaben drückt, und erkennt darin eine Strategie, nämlich alles dafür zu tun, dass nicht herauskommt, was für eine Versagerin sie ist und wie wertlos sie sich fühlt. Zwar wünscht sich Laura nichts sehnlicher als Anerkennung, mit ihrer Strategie verhindert sie aber genau das – aus Angst vor Abwertung. So hat sich Laura immer wieder selbst bewiesen, dass ihre Überzeugung stimmt. Als es Laura gelingt, ihre kindliche Verlustangst und ihr Bedürfnis nach Anerkennung anzunehmen und zu spüren, lösen sich ihr Glaubenssatz und ihre Versagensangst allmählich auf.

Endlich frei im Kopf

Zuerst werden wir die Veränderungen vielleicht nur am Rande bemerken. Wir werden zum Beispiel gleich erkennen, wenn wir wieder einmal in eine typische Situation geraten sind, die unsere »Knöpfe« drückt. Vielleicht können wir uns sogar – aus der Sicht unseres inneren Beobachters – dabei zuschauen, wie wir wieder das bekannte Reaktionsmuster abspulen. Wir sind uns dessen bewusst.

Runter von der Bremse

Je weiter wir in unserem Heilungsprozess fortschreiten, desto eher werden wir im Laufe der Zeit in Situationen, die uns vorher vielleicht in Rage gebracht oder in Angst gestürzt haben, ruhig und gelassen bleiben können. Dann sagen wir vielleicht: »Ah, ich bin mal wieder wütend darüber, dass ich so viele Erwartungen erfüllen muss.« Oder: »Da ist wieder meine Angst zu versagen.« Wir betrachten das Geschehen mit Abstand und können die Wut oder die Angst bewusst wahrnehmen. Gleichzeitig beherrscht uns das Gefühl nicht mehr, und wir fühlen uns nicht sofort dazu veranlasst, automatisch und wie gewohnt darauf zu reagieren. Es fällt uns leichter, bei uns zu bleiben. Das sich wiederholende Prinzip ist durchbrochen.

Das Ende der Sabotage

Können wir uns dann auch unserer kindlichen Angst stellen, die Bindungsbeziehung zu unseren Eltern zu verlieren, sind wir noch einen entscheidenden Schritt weiter: Unseren blockierenden Glaubenssätzen fehlt jetzt die Grundlage, und die trügerischen Gedankengebäude fallen wie ein Kartenhaus in sich zusammen. Haben wir uns »nicht gut genug« gefühlt und uns vorher zum Beispiel gegen Kritik ärgerlich verteidigt, damit niemand merkt, wie wertlos wir uns fühlen, wirft uns die Kritik jetzt nicht mehr um. Denn je besser wir uns von diesem schmerzlichen Gefühl distanzieren und uns unserer kindlichen Verlustangst mitfühlend annehmen, desto weniger bedrohlich erscheint uns die Kritik. Und wir brauchen unsere Überlebensstrategien nicht mehr zu unserem Schutz. Außerdem achten wir uns als Folge davon auch selbst mehr. Das bleibt natürlich nicht ohne Wirkung auf unsere Umgebung, die uns entsprechend wertschätzender behandeln wird.

Wenn wir unserer alten Überzeugung, nicht liebenswert zu sein und deshalb abgelehnt zu werden, keinen Glauben mehr schenken, werden wir künftig leichter auf andere Menschen zugehen und uns nicht mehr ausgeschlossen fühlen. Und ganz »nebenbei« entdecken wir auch mehr Liebe zu uns selbst. Überhaupt werden sich unsere Beziehungen deutlich entspannen – schon allein deshalb, weil das Verhalten von anderen unsere Wunden nicht mehr so schnell aufreißt.

Irgendwann werden wir feststellen, dass wir gar nicht mehr in Situationen kommen, wie wir sie früher so oft erlebt haben. Die neuen Erfahrungen, die wir stattdessen sammeln, sorgen für neue Verschaltungen im Gehirn. Und das wiederum erhöht die Chancen auf weitere positive Erfahrungen. Sobald wir also unsere gefärbte »Brille« abnehmen, wandelt sich unser Leben von Grund auf.

Alles steht uns offen

Wir gewinnen ein völlig neues Selbstwertgefühl, setzen mehr Vertrauen in uns und fühlen uns in uns selbst zu Hause. Vielleicht entfalten wir bisher noch in uns schlummernde Potenziale. Ob beruflich oder privat – wir treffen Entscheidungen, die in unserem Sinne sind, wissen, was uns wichtig ist, und nehmen unser Leben in die Hand. Wir begegnen dem Leben ohne Vorbehalte und sehen die Chancen, die sich uns auftun. Womöglich gehen wir sogar ganz neue Wege oder realisieren lang gehegte Träume.

Mit anderen Worten: Wir überwinden die engen Grenzen, die uns unser Ego gesetzt hat, und sind endlich frei, das Leben zu führen, das uns wahrhaft glücklich macht und uns im tiefsten Inneren unseres Herzens entspricht. Ein völlig neues Lebensgefühl breitet sich in uns aus. Eine bis dahin nie gekannte innere Freiheit. Das ganze Leben steht uns plötzlich offen. Freuen Sie sich auf ein wundervolles und spannendes Abenteuer!

Dank

Ich möchte mich ganz herzlich bei meinen Lehrerinnen und Lehrern bedanken: Ich habe nicht nur viel von ihnen gelernt, sie haben mich auch in meiner persönlichen Entwicklung wesentlich unterstützt.

Ein besonderer Dank gilt außerdem meiner Schwester, die den Text als Erste gelesen und mir wichtige Anregungen dazu gegeben hat.

Zum Weiterlesen

Baer, Udo und Frick-Baer, Gabriele: *Das große Buch der Gefühle*. Beltz 2022

Coelho, Paulo: *Handbuch des Kriegers des Lichts*. Diogenes 2006

Damasio, Antonio R.: *Ich fühle, also bin ich – Die Entschlüsselung des Bewusstseins*. List 2002

Dittmar, Vivian: *Gefühle & Emotionen – Eine Gebrauchsanweisung*. Edition Est 2014

Duhigg, Charles: *Die Macht der Gewohnheit*. Piper 2013

Engl, Silvia Maria: *Meine 26 Egos und ich – Ein Wegweiser zu mehr Lebensfreude und Selbstverwirklichung*. Schirner 2014

Hanson, Rick: *Denken wie ein Buddha*. Heyne 2018

Hay, Louise L.: *Gesundheit für Körper und Seele*. Allegria 2013

Heller, Laurence und LaPierre, Aline: *Entwicklungstrauma heilen*. Kösel 2013

Heller, Laurence und Doerne, Angelika: *Befreiung von Scham und Schuld*. Kösel 2020

Levine, Peter A.: *Sprache ohne Worte*. Kösel 2011

Lipton, Bruce H.: *Intelligente Zellen – Wie Erfahrungen unsere Gene steuern*. KOHA 2016

Meibert, Petra: *Der Weg aus dem Grübelkarussell*. Kösel 2014

Tolle, Eckhart: *Jetzt! Die Kraft der Gegenwart*. J. Kamphausen 2010

Lebenshilfe auf den Punkt gebracht

Achtsamkeit hilft uns, mit den Herausforderungen des Lebens geschickter umzugehen – und dabei die kleinen Freuden des gegenwärtigen Augenblicks aus vollem Herzen zu genießen. Die kompakten Pocketguides bieten einen unkomplizierten Einstieg: Eine Fülle an Übungen und Impulsen zeigt, wie sich Achtsamkeit konkret im Alltag umsetzen lässt.

ISBN 978-3-95803-080-0

ISBN 978-3-95803-007-7

ISBN 978-3-95803-047-3

ISBN 978-3-943416-92-3

Weitere erfolgreiche Titel aus der Reihe »Achtsam leben

»Das größte aller Wunder ist es,
lebendig zu sein. Achtsamkeit ermöglicht uns,
dieses Wunder zu berühren.«

Thich Nhat Hanh

Mehr über unsere Bücher unter www.scorpio-verlag.de

ISBN 978-3-95803-029-9

ISBN 978-3-95803-032-9

ISBN 978-3-943416-94-7

ISBN 978-3-95803-564-5

ISBN 978-3-95803-221-7

ISBN 978-3-95803-242-2

ISBN 978-3-95803-222-4

ISBN 978-3-943416-95-4

»Es gibt zwei Arten, wie Sie Ihr Leben leben können: Eine, als sei nichts ein Wunder. Die andere, als sei alles ein Wunder.«

Albert Einstein

ISBN 978-3-95803-351-1

ISBN 978-3-95803-031-2

ISBN 978-3-95803-108-1

ISBN 978-3-95803-321-4

Alle Bände:
112 oder 128 Seiten, broschiert, durchgehend zweifarbig